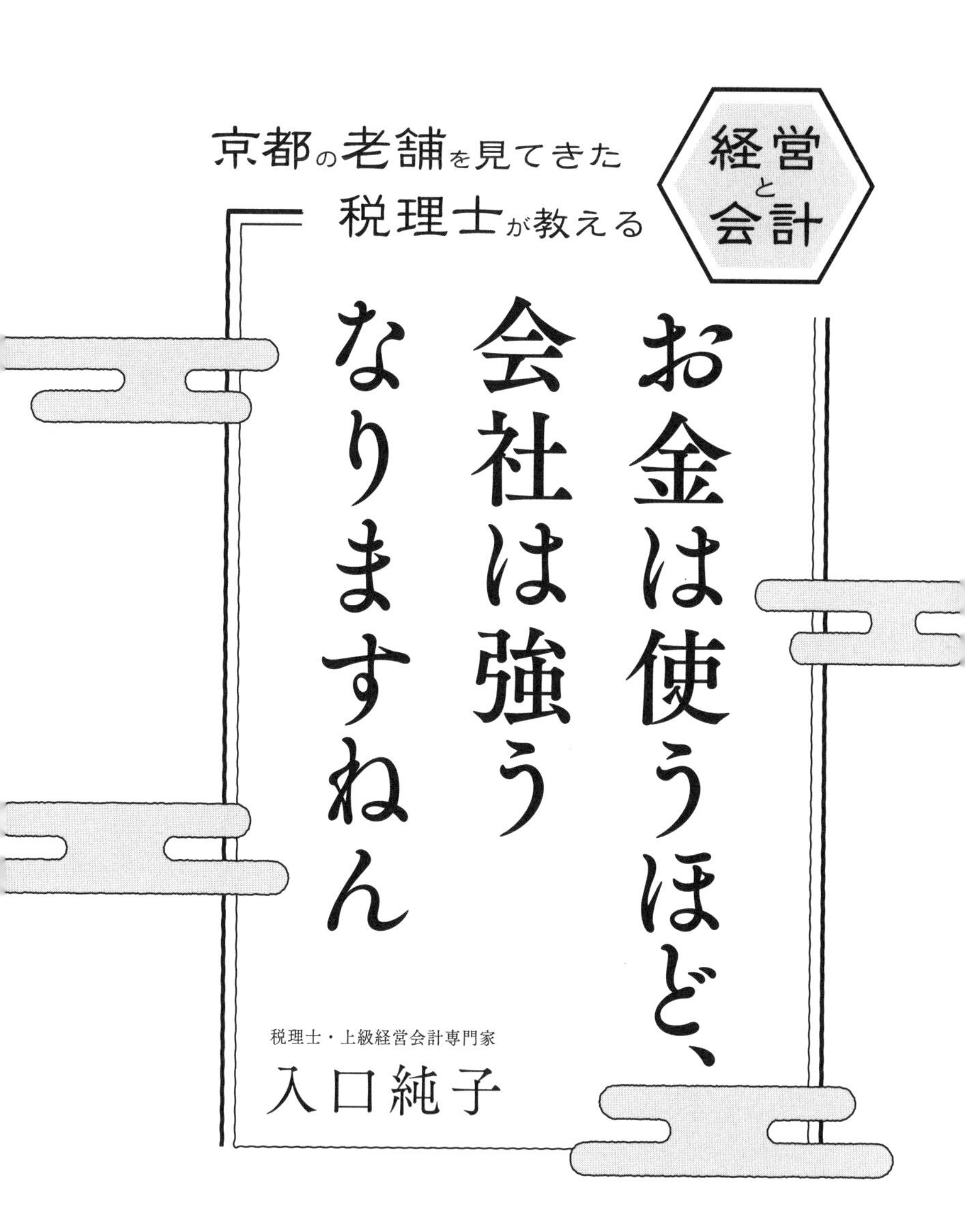

京都の老舗を見てきた
税理士が教える

経営と会計

お金は使うほど、会社は強うなりますすねん

税理士・上級経営会計専門家
入口純子

日本実業出版社

はじめに

この本は、会社を伸ばすため、強くするためには、**「お金を貯めることを目的に経営してはいけない」**ことを書いた本です。

経営者は毎日、次から次へと出てくる、お金を介した「判断」を迫られます。

たとえば、人を初めて採用するとき、あるいは、1人、2人と社員を増やすとき、悩みますよね。創業間もないころの私もそうでした。

「ちゃんとお給料を払えるかな？　社員を雇わなくても、自分がもっと働けば、もっとお金を残せるんじゃないか？」

また、店舗出店するとき、大きなオフィスに移転するとき。

「家賃を払い続けられるかな。もう少し、いまのままにして、お金を貯めたほうが安全なんじゃないか？」

ほかにも。

「新しい機械を導入する？　しない？」

「広告費を思いきって増額する？　しない？」

「本当にいま借入（かりいれ）していいのかな？　借入までして、もし返済できなくなったら……」

真剣に、まじめに、経営に取り組めば取り組むほど「判断」に悩む場面が多くなります。

「お金に困りたくない。できるだけ多くのお金を手元に置いておきたい。やっと軌道に乗り出したのに昔のようにお金に苦労するのはもうたくさん。二度とごめんだ！」

これが経営者の本音ではないでしょうか。

そんなふうに考えて、多くの人が必死で、できるだけ多くのお金を貯めようと経営する。

お金に困りたくなくて、お金を貯めるために経営をする。

でも、「お金を貯める」ことが目的になってしまうと、逆に、お金に困る会社をつくる要因になってしまうのです。

お金は使ってこそ、初めて「価値」に変わります。

お金を持っているだけでは、ただの紙切れであり、預金通帳に印字された数字にすぎません。お金は使うことで、会社を成長させることができるのです。

「会社を絶対に潰さない」は、とても大切なこと。そして、「収益力を高め会社を成長させる」ことも大切なこと。

会社を成長させるには投資が必要です。お金を使う必要があるのです。

しかし、投資をすればお金が減って倒産のリスクが高まります。ものすごくジレンマを感じますよね。

昔、堀場製作所の創業者である堀場雅夫さんの講演を聞く機会がありました。堀場さんは、このジレンマについて「股裂きに耐えながら経営をしているようなもんだ」と表現されていました。一代で堀場製作所を上場にまで成長させた堀場さん。そんな堀場さんでも、悩み苦しみながら経営判断を繰り返してこられたのでしょう。

この本では、会社の数字を扱うプロとして、経営の現場で多くの企業と関わってきた者として、会計の視点から**「お金を貯めるためが目的」の経営をやめて、一生お金に困らない会社をつくる方法**を書いています。

- **自社はいくらまでなら、お金を使っていいの？**
- **いまは我慢のとき？　それとも借入してでもチャレンジするとき？**
- **いくらまでなら借りても大丈夫？　返済期間は何年？　長期？　短期？**
- **メインバンクはあるけれど、もう1つ別の金融機関と付き合っておいたほうが良い？**

経営をしていたら思わず判断に迷ってしまう疑問に対し、会社の数字を扱うプロとして、数字の知識をベースにできる限り論理的に判断基準を書きました。

経営者は、その事業のプロ。でも、そこに数字の知識、判断基準が加われば、一気に経営の判断の精度が高まります。ただ単にお金を貯めることを目的にした経営から、潰れる心配なく、成長し続ける会社に脱皮できるのです。

実際、当社のお客さまの会社でも、やみくもにお金を貯めることを目的にした経営をやめたことで、収益性が高まり、安定と成長をバランスさせる会社がたくさんあります。

たとえば、下請け仕事が多く、粗利率が低いことが悩みであった会社は、5年間で20%以上、粗利率を高め、高収益企業に生まれ変わりました。

さらに、利益は出ているものの、なぜか資金繰りが苦しく、常にお金の不安があった経営者は、会社の数字の知識を身につけて、お金に困らない体制と高収益を両立されました。

ほかにも、このような事例がたくさんあります。

大切なのは、**「ただ貯めることを目的にするのではなく、いま、お金を使うべきところに使う経営」**

会社はいつから、どんな場面からでも、正しい経営の技術があれば、必ず良くなります。

経営は技術です。学び、実践し続けたら、誰でも身につけることができるのです。

この本では、細かなことを思いきって省き、本質が伝わるようにできるだけシンプルに表現することを意識しました。難しい会計用語に嫌気がささないようにするためです。

私は多くの経営改善に携わる中で、会社をより良くしていくプロセスは、「どこに問題があるのか」という犯人（人という意味ではなく、原因となる事象）を探す、いわば探偵のようなものだと思っています。

そこで、「この会社の一番の問題点は？」を謎解きするような形式にして、「もう、だから、会計嫌い～」とならないように、できるだけ読んでいて楽しくなるよう工夫しました。

そして、ふだん私がお客さまにお話しするときの口調（京都弁）で書くことで、リアルな現場をイメージしやすいようにしています。

社長にとって、少し耳の痛い、伝えにくい言葉でも、京都弁で「～しはったら、あきませんえぇ」「そりゃ、あきませんわ」と微笑みながらお伝えすれば、愛情豊かに受け入れてもらえるのが、京都弁のすごさです。

繰り返しになりますが、経営は技術です。いままで、もし経営が、思い通りにいってなかったとしたら、それは、技術を知らなかっただけかもしれません。

この本を読んで、お金を貯めるための経営をやめ、正しい経営の技術を身につけ、素晴らしい会社をつくってくださいね。

お金は使うほど、会社は強うなりますねん◉もくじ

第1章 使えるお金が増えると、会社は強うなりますねん
会社が成長しない犯人を探せ!

第2章
損益計算書の問題点を洗い出しましょ
売上が伸びても利益が出ない犯人を探せ！

第3章

銀行さんのお金もつこて、経営しなあきません

いつになってもお金が増えない犯人を探せ！

第4章 取引先のお金を利用して、経営しなあかんえ
右肩上がりなのにお金が足りない犯人を探せ！

第5章 一生お金に困らん会社は、こうやってつくるねん

お金のことがいつも不安になる犯人を探せ！

京都老舗企業からの教え

ブックデザイン／沢田幸平（happeace）
イラスト／豊島 宙
本文ＤＴＰ／一企画
企画協力／ブックオリティ

第1章

使えるお金が増えると、会社は強うなりますねん

会社が成長しない犯人を探せ！

「会社が潰れないように
お金を貯める」は大きな勘違い

会社が潰れるのは、どんなときでしょう？

赤字になったとき？

いいえ。1年や2年と赤字が出ても多くの会社は潰れません。会社は、お金がなくなって負債が返せなくなったときに潰れるのです。

経営者はそれを感覚的にちゃんとわかっているので、どうしても、少しでも多くのお金を貯めておきたくなる。

だからこそ、ここでみなさんにハッキリいいたい！

社長!!

会社を潰すのはイヤやし、お金を貯めとかなって思ってはりませんか!?
それが、そもそも、勘違いしてはるんです。

「ん？」

たしかに、お金がなくなって、借金が返せなくなったときに会社が潰れるのだから、ある一定のお金を、ゆとりをもって手元に置いておくことは必要です。

ここで大切なのは、あくまで、ある一定のお金のゆとり。

「お金を貯めれば安心」とせっせ、せっせと金額の目安もなく、ただやみくもに「お金を貯めるため」に経営をすることは大きな落とし穴があります。会社が潰れないように努力しているつもりが、収益性を落とし、逆にリスクをもたらすことになります。

1年や2年と赤字が出ても会社って潰れません。

みんな「お金」を勘違いしています。

あらためて、お金って何でしょう？

お金は、ただの紙切れです。1万円札の製造コストは、たったの22円です。

この紙切れをなんでみんなが欲しがるのかというと、この紙切れを使えば、欲しいモノが買えるから。あるいは、サービスを受けることができるから。

ここで立ち止まって考えてみましょう。**本当に必要なモノって、お金そのものじゃなくって、モノやサービスちゃいます⁉**

お金さえあれば、必要なモノやサービスが手に入るし、借金も返せるし、お金さえあれば安心。だから、とにかくお金を貯めなくっちゃ！　とお金を貯めることが目的化しがちですが、お金そのものにはなんの価値もないのです。

パナソニックの創業者である松下幸之助さんは、「ダム経営」の大切さを常々語っていらっしゃいました。

ダム経営とは、最初から一定の余裕を持った経営のあり方のことです。ダムに入れた水を必要に応じて徐々に流していくように、なんでも、余裕が大切ということ。

では、このダムには、何を貯めておくのでしょう？

そう、お金だけとちゃいますよね♪

もちろん、お金の余裕も大切だけれど、人材も設備も在庫も……。

本当に会社に必要な人材がすぐに採用できるとは限らないし、育成には時間がかかります。設備に慣れ、滞りなく生産性を高めるまでには一定の時間がかかりますよね。主力機械の故障時でも生産ラインを止めずに生産し続けられる仕組み、納品し続けるための在庫量……。

ダムには事業の継続に必須のモノやサービスがないと、必要に応じて必要なものを徐々に流すなんてできません。

ダムに貯めておくべきは、お金だけではないのです。

お金はあくまで、使ってこそ価値があります。「貯めていたら安心」は、大きな勘違いです。

お金は、欲しいモノと交換できる「交換券」みたいなもの。交換券だったら、持ち運びもできるし、腐らずに保存できるし、欲しいときに欲しいモノと交換できるから便利だし、持っておきたいだけ。

でも、必要なモノに交換するまでは、何の意味もありません。

めっちゃ大事やし、もう1回いいますね！ お金は使うためにあるのです。お金だけが手元にあれば安心、潰れないと感じてしまうのは、お

金の罠です。

お金だけがあったって、設備がなく、人がいなくて、在庫もなかったら、商売そのものが成り立ちません。会社にとって本当に必要なのは、お金そのものじゃない。

だからお金は、必要なモノを手に入れるため、つまり「使うために貯める」のが正しい考え方です。使う目的もなく、貯めるために貯めるというのは、実は、経営者としてすごくおかしなことをしているんです。

お金だけ貯めようとしたら
あかんえぇ

手元にお金をいっぱい貯めたくなる理由

会社を潰したくない！
景気の波になんか負けず、成長し続ける強い強い会社をつくりたい！
だから、ちょっとでも多くのお金を貯めておかないと！

わぁ。気持ち、すっごくわかります……。

一度でも、お金に苦労したことがある人は、どうしても、もしものときに備えて、少しでも多くのお金を、念のため手元に置いておきたくなりますものね。

どうしても、心理的にお金を貯めたくなっちゃうんです。

でも、先述したように、お金さえあれば会社が潰れないというのは、勘違い。もしものときに備えておくのは、お金だけではダメ。
というか、繰り返しになりますが、お金そのものには価値がないんです。だから、お金を貯めるために、**本来、経営に必要なモノやサービスを手に入れることを我慢するって、リスクへまっしぐら**って、ことなんですよね。

「でも、でも、お金を使うのは怖いんだもん……」

「お金をいっぱい手元に置いておきたいんだもん……」

といった声が聞こえてきそうです。ですよね、ですよね。では、質問します！

「いっぱい」って、具体的にいくら？

どれだけのお金が会社に置いてあったら、会社は潰れないの？

いくら貯める必要があるの？

なぜ、貯めなくてはいけないの？

どうして貯めるの？

そのお金はどこに置いておくの？　当座預金？　定期預金？　それとも？

社長！！！　どうですか？　ちゃんと数字で答えられました？

思わず、口ごもっちゃったとしたら、会計の知識不足が、お金の不安を倍増させているのかもしれません。

余裕のあるお金を持つことは、とっても大切な一方で、お金を貯めることを目的にした経営は、リスクを誘発します。

会計の知識不足から、ただただ不安で、なんとなく感覚的に、ちょっとでも多くのお金を貯めないと！　と思っているだけかもしれません。

それは、ある意味、素晴らしいことなんですよ。ちゃんと「野生のカン」が働いてはるって、ことですもん。

そこに少しの会計知識をエッセンスとして加えられたら、会社の成長スピードをアップし、安全性をもっと高めることができるんです。

そうです。会計は、「知識」だから、知っているか、知らないかだけの話。

さあ、会計の原理を理解して、「やみくもな不安」なんか取っ払って、「お金を貯めるための経営」から、「お金を使うための経営」にシフトしましょう！
そして、一生お金に困らない会社をつくりましょう！

会計がわかってへんから
お金を貯めたくなるん

お金を使うときに役立つ、たった3つの知識

まず、声を大にしていいたいことがあります。

お金って、使わんと儲からへんえぇ!!

お金を使え、使えという税理士って、変ですかね?

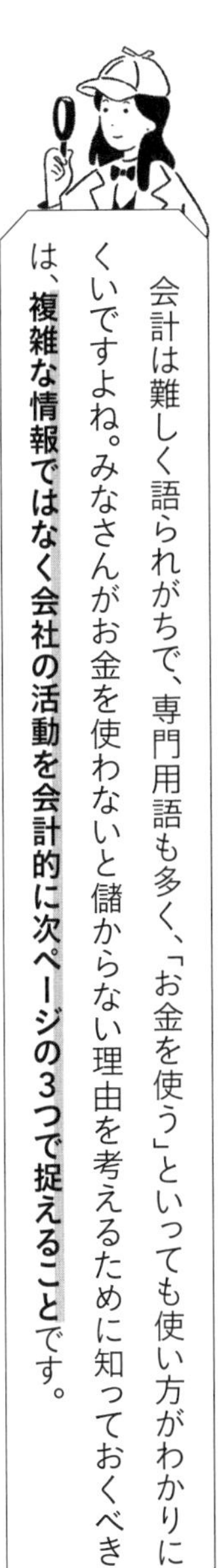

会計は難しく語られがちで、専門用語も多く、「お金を使う」といっても使い方がわかりにくいですよね。みなさんがお金を使わないと儲からない理由を考えるために知っておくべきは、**複雑な情報ではなく会社の活動を会計的に次ページの3つで捉えること**です。

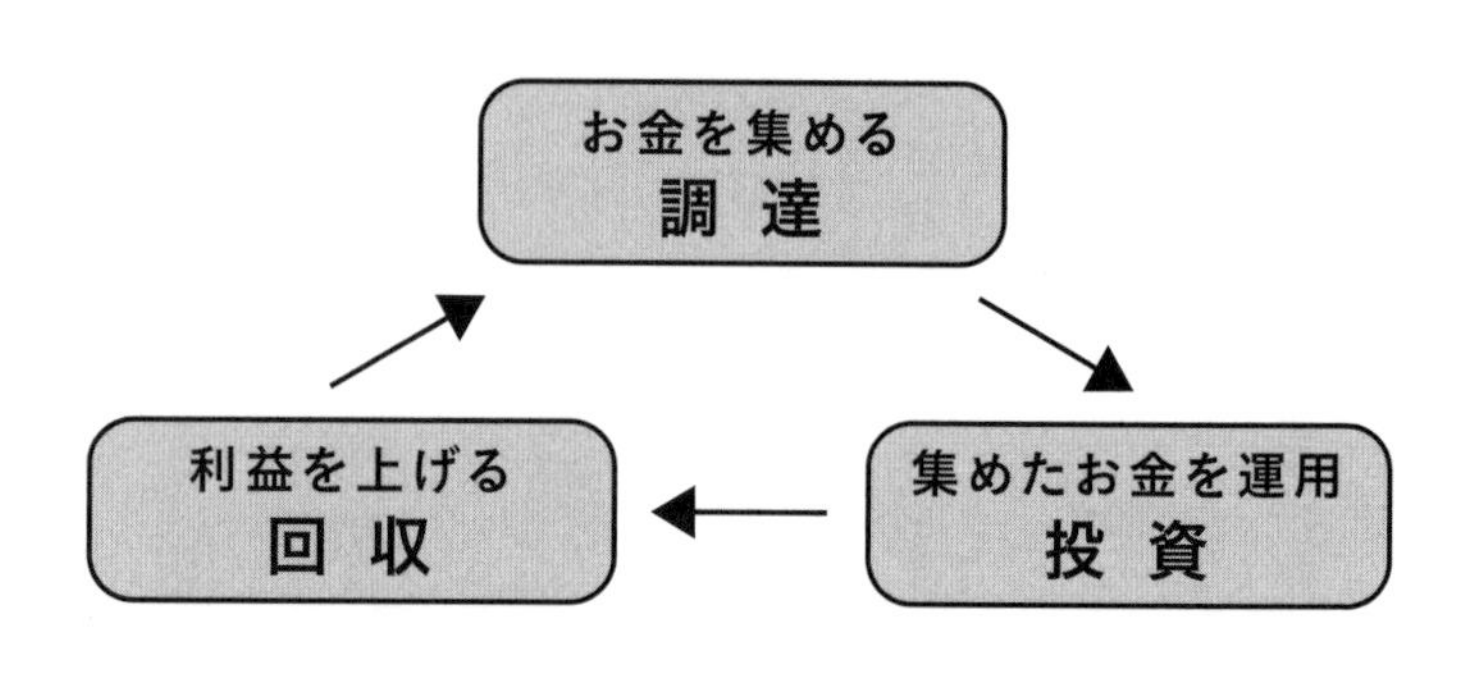

会社は、株主とか、銀行とか、どこかから資金を手に入れて、そのお金を使って、商品を仕入れたり、製造機械を買ったり、人（製造してくれたり、販売してくれたりする人）を雇ったりします。

そして、できた製品や仕入れた商品、サービスをお客さまに提供することで、対価としてお金を得るという活動をしています。

そんな会社の活動を図式化すると、上の図のような感じです。会計の専門用語が出てくると、なんとなく難しく感じるけれど、落ちついて考えたら、会社の活動は、上の図の3つに集約されます。

会社は、**売上を上げるためにお金を使います。それを会計用語でいうと「運用」とか「投資」とかいいます。**売るモノを仕入れたり、つくったり、売り場の家賃も払わなきゃだし、売ってくれる人のお給料を払うのにもお金が必要です。商品を売るために、広告宣伝したり、モノを送るのに運賃を支払ったりします。あるいは、土地を借りて工場を建て、機械を買って、自社製品をつくって売る。なんてこともあります。

そう。こんなふうに売上を上げるためにお金を使うことを、かっこよく会計的な言葉でいったら「運用（投資）」という言葉になるのです。

そして、必要なお金はどこかから集めないといけない。誰かに出資してもらう、銀行から借りる、自社で稼ぐ……。**お金を集め、増やす行為を会計では「調達」と呼びます。**

この**調達してきたお金を、売上を上げるために運用（投資）した結果、利益が上がり、お金が「回収」され、結果的に最初よりもお金が増える**というロジックです。

そうなんです。お金は使わないと儲からないし、増えないんです。

企業活動を冷静に考え、会計の知識を知れば、「**お金は使うから儲かる。増える。貯まる**」が、不思議でも何でもなくって、当然のことと腑に落ちることでしょう。

勉強したらわかるええ。
お金は使わんと儲からへんねん

お金を増やす方法は「稼ぐ」のほかに3つある

お金って、どうやったら増えますか？
ポケットの中には、お金が1枚っ♪　もう1つたたくとお金が2枚♪♪
ビスケットじゃないから、無理か……。

それはさておき、お金は、どうやったら増えるか？
まじめなみなさまが、真っ先に思いつくのは、「稼ぐ」でしょうか。
そう、1つめは**「稼ぐ」**です。稼いだら、お金は増えますね！
でも、お金を増やす方法はそれだけではありません。

先ほどの図を思い出していただくと答えが見えてきます。「お金を増やす」ことは、会計的には「調達」でした。

お金は、会社が稼がなくても増やすことができます。

お金を増やす方法の2つめは、**銀行から借りてくること。これでもお金って増えますよね。**

また、3つめの方法として、**誰かに（社長自身の個人資金も含め）出資**してもらっても会社のお金を増やすことができます。

会社のお金を増やす方法は、こんなのもありますよ。

支払いと回収のバランスを調整して、お金を増やす方法、これが4つめです。

詳しくは第4章で書きますので、ここでは簡単に説明します。通常、「商品を仕入れてお金を払って、その商品を売って代金を回収する」までには時間がかかり、先に持ち出しのお金が必要になります。

でも、仕入を買掛金として翌月払いにしてもらって、販売代金をその場で現金で回収すれば、お金の回収が支払いよりも先になる可能性があります。つまり、取引先から資金を調達して、お金を増やす、こんな増やし方もあるのです。

お金を増やすには、実は、４つも方法があるんです。覚えておいてくださいね！


ただただ、稼ぐことだけがお金を増やせる、と考えるのは会計の知識不足です。

繰り返しになりますが、お金は使わないと儲からない、増えない。


お金が必要な理由は？

そう！ 使うため！ ですよね（優しい笑顔）

「使うために必要なお金」は、別に稼いだお金である必要はないのです。

あなたの本能的な野生のカンに、**「資金調達」**（しきんちょうたつ）という会計知識のエッセンスを加えてみてください。P22の「調達」「投資」「回収」の図をデスクの見えるところに貼っておいて、自分のお金に対する概念を変えていきましょう。

お金は使うために必要です。使うためにお金を調達する必要がある。と腑に落とすこと。

調達は、稼ぐだけではない。お金は、自社で稼いだお金を使うのか、金融機関から借りたお金を使うのか、取引先へ支払う前のお金を使うのか、誰かに出資してもらったお金を使うのか。調達方法は、４つもあるのです。稼ぐということだけに固執する必要はありません。

使うために必要なお金、ダムに貯めておくためのお金をどんな方法で調達しようかと柔軟に考えてくださいね。

稼ぐことばっかり頑張らんでも
お金は増やせるしね

「現金・預金」以外のいますぐ使えるお金を把握する

ところで、現金・預金以外に使えるお金があるのは知っていますか？
ん？　そんなのあるの？
それとも、あれと、これと、あれって、ちゃんと答えられました？
あるんです。いくつかあるので、自社のものを把握してくださいね。

1　当座貸越枠

まず、**現金・預金以外に使えるお金は、「当座貸越枠」**です。
これは、金融機関と契約で借入することが可能な「借入限度額＝極度額」をあらかじめ設定しておき、その金額の枠内だったら、いつでも必要なときに、手続きなしで借入できるというものです。

たとえば、預金口座には３００万円しかなかったとしても、当座貸越枠が１０００万円あるとすれば、すぐに使えるお金は、１３００万円あるということです。

2 手形割引枠・ファクタリングの利用

ほかには、**手形割引枠やファクタリングの利用**もあります。

手形割引とは、あらかじめ、金融機関と割引枠を設定しておき、その金額の範囲内の場合、受け取った受取手形を金融機関に持って行ったら、決済の期日前でも、金融機関がお金にしてくれるという仕組みです。「割引料」と呼ぶ金利のようなものを差し引いて現金化してくれるので、このような名称になっています。

また、最近は紙の受取手形が減って、電子記録債権というものに変わってきました。これは、通称「でんさい」と呼ばれています。「でんさい」は、金融機関とファクタリングの契約をしておけば、手形と同じように、決済期日前でも資金化することができます。

手形割引枠やファクタリングの枠がいくらあるのか、また手持ちの受取手形や電子記録債権の金額がいくらあるのかを把握しておきましょう。これらは、現金・預金という名前ではないけれども、すぐに使えるお金となります。

3 保険積立金

さらにこんなのも。**保険積立金**です。

もし、積み立て式の保険を掛けていたら、試算表を見ると「投資その他の資産」の中に、「保険積立金」あるいは「長期前払保険料」といった勘定科目で載っています。

これらは解約すれば、解約返戻金（かいやくへんれいきん）として、すぐ資金化できますし、あるいは、解約返戻金の範囲内で、借入することもできます。現時点での解約返戻金はいくらあるのか、万が一借入するとすれば、いくら借りられるのかなどを保険会社に確認し、把握しておきましょう。

これらも、現預金と同じようにすぐに使える資金です。

4 倒産防止共済

さらにさらに、試算表には、何ひとつ出てきていないけど、**倒産防止共済**などもあります。

掛けた金額すべてが戻るわけではないですが、解約したら、解約返戻金としてすぐに資金化することができます。

このように、決算書の貸借対照表には載っていないけれど、外でしっかり積み上がっている資金もあるので、この機会に、自社のお金の実態をしっかり把握してみてくださいね！　みなさんが思っている以上に、「使えるお金」があるかもしれませんよ。

気づいていない「使えるお金」が、
ぎょうさんあるかもしれんえ

実は、お金があるだけでは強い会社にはなれない

「お金があるからって、強い会社とは限らない」ということを証明するために、もう少し、会計の話をさせてください。

会社がしている活動を、ものすご～く単純化してまとめると、「お金を集め（調達）→そのお金を使って（投資）→利益を上げてお金を回収する（回収）」ことだとお伝えしました。この会社の活動を会計のルールに則って、数字でまとめたのが決算書です。

決算書にある貸借対照表（たいしゃくたいしょうひょう）と損益計算書を見れば、この会社がどんな活動をしてきたかがわかるように記載されているのです。

貸借対照表。
貸借……。会社の貸し借りが書いてあるの⁉
とか、考え出したら意味不明（笑）。

貸借対照表は、単に会計の「専門用語」だから、深く考えず覚えるに限ります。会計って、日常で絶対、使わないような言葉（それも漢字ばっかり‼）がやたらと出てくるからイヤになるんですよねぇ。
漢字ばっかりの専門用語に惑わされず、言葉は意味と一緒にひとまず丸暗記してください。それだけでも会計や数字に強い、かっこいい経営者風でいけますよ！

では、いきますね。

貸借対照表とは、単純にいうと、会社が持っている資産とその資産を手に入れるのに、どうやって資金を調達してきたかが書いてある表です。
貸借対照表の左側（専門用語では、**「借方（かりかた）」**と呼ぶ）には、**会社が持っているすべての資産**が書いてあります。

貸借対照表（B/S） （単位：千円）

B/S			
流動資産合計		流動負債合計	
現金預金	20,000	支払手形	2,000
受取手形	3,000	買掛金	8,000
売掛金	10,000		
商品	20,000		
		固定負債合計	
		長期借入金	40,000
固定資産合計			
機械設備	7,000	純資産合計	
		資本金	10,000
繰延資産	0		
資産合計	60,000	負債・純資産合計	60,000

そして、右側（専門用語では**「貸方（かしかた）」**と呼ぶ）には、その**資産を手に入れるために資金を調達した方法**が何かを書いてあります。

右側は、大きく負債と純資産に分けて書いてあります。負債とは、いつか誰かに返さなければならない方法で調達したもの（借入金や社債、買掛金など）。**純資産は、返さなくてもよい方法で調達したもの**（出資を受ける、自社の利益など）です。

さて、ここで問題です。

もしも、決算書の貸借対照表を見て、左側の資産がすべて現金だったら！　利益は上げられるのでしょうか？　お金は増やせるのでしょうか？

無理ですよね！　100万円の札束をタンスにしまって、朝になったら2束に!?
なんてことは起こりません。お金だけあっても、決して勝手に増えることはないです。

そうなんです。お金は、使ってこそ価値に換わる。

そう、お金をお金のまま置いておいても、その会社に何の進歩も発展もなし。強い会社とはほど遠いです。

お金を投資して、利益を上げ、回収するのでしたね！

お金をお金のまま置いておくということは、何の活動もしていないということ。何か動けば、貸借対照表の左側（借方）の資産一覧には、現金・預金以外の資産が、必ず書かれるはずです。

投資とは、売上を上げるための活動のこと。

お金を使って、売上を上げるのに必要な資産、商品在庫（売るモノがなかったら、売上が上がらない）や製造機械、工場、店舗などを手に入れることです。そうすれば、貸借対照表の借方には、現金・預金だけでなく、棚卸資産、機械装置、建物といったものが記載されます。

もちろん、貸借対照表に書かれたお金（現金及び預金）の残高は、前よりも減っているけれど、前よりも俄然、売上を上げる可能性が高まるのです。

お金を使う（お金を減らす）ことで、収益性を高めるだけでなく、安全性を高めることだってあります。

たとえば、保険積立金や有価証券に投資することで、貸借対照表上の現金及び預金は減ります。でも、お金と交換した保険積立金や有価証券といった資産は、万が一何かが起こったときに損失やお金を補填してくれるため、会社の安全性を高めてくれます。

決算書（貸借対照表）の現金預金の残高だけを見て、「増えた」「減った」と一喜一憂していたとしたら……。それは、思わぬ落とし穴かもしれません。

お金があるからって実は強い会社とは限らへんの

「使う」「貯める」「儲かる」の黄金バランス

ここまで、お金は使わないと儲からないし、増えないという話をしてきました。一方で、会社が潰れるのは、お金がなくなって負債を返せないとき、ともお伝えしました。

お金、使うの？

置いておくの？

どっちやねんっ！

すみません。イラっとさせました⁉

ここでは、結局のところ、**どこまでお金を使って、こんだけは置いとかな**

あかん、そしたら、まぁ安全に儲かるやろ……という黄金バランスをお伝えします。

まず、会社にこれだけのお金は置いておこう！　の基準です。

月の売上高（月商）の2か月分は、手元に置いておきましょう。

少し、かっこよく財務指標の専門用語を使うと、**「手元流動性2か月」**といいます。経営者仲間や金融機関担当者には、こんな言葉を使ってみると、それっぽいですね。

手元流動性は、「現金及び預金÷月商」で計算できます。

具体的な数字でいうと、毎月の売上高が1000万円の会社だとしたら、現預金は、手元に2000万円は置いておくということです。

月商1000万円の会社が、手元に1000万円しかないのに、そのお金を使って、500万円の車を買うようなことは、避けましょう。

「使う」の面から見ると、この例でいえば、手元に5000万円あるなら、思いきって使っていこう！　ということです。

たとえば、月商1000万円の会社が手元資金として5000万円持っている。手元流動性は、5000万円÷1000万円、5か月分なので、現預金残高は潤沢にあることがわかります。一方で、損益計算書を見ると、営業利益がマイナス。赤字です。

こんな場合は、何らか売上を上げるために、利益を増やすためにお金を使うことを考えます。

どうしても、赤字だと怖いから、お金を使わずに貯めておこうという心理になりがち。でも、そのお金に対する考え方が間違いなのです。「お金は使うもの」でしたね！

「お金は多ければ多いほうがいい」という心理こそ、会社の経営を邪魔する犯人です。

現預金残高は潤沢にあるのに、損益計算書を見ると営業利益がマイナスであるこの会社の**問題は、ずばり収益性**です。つまり、会計的な視点でいえば、適正な投資ができていないことが原因です。ありがたいことに、手元資金は潤沢にあります。いまこそ、「何にお金を使うべきか」を考えるときなのです。

この場合は、「使う」ことを考える。

何に使うかに焦点を合わせて改善策を練ることが必要です。

前例からも「儲ける」と「使う」が密接に絡んでいることがわかります。

「儲ける」の視点から、もう少し違う事例で見てみましょう。

損益計算書を見ると、営業利益はトントンちょいマイナス。少々の営業赤字が出ています。月商は1000万円。手元資金は2000万円あるので、手元流動性は2000万円÷1000万円で、なんとか2か月をキープしています。

さて、こんなとき、みなさんなら、投資をする？　しない？　どうしますか？

収益性に問題があることは明らかです。何らかの改善は必要です。

売上を伸ばすための投資（お金を使う）を考えるか、経費を削減（お金を使わない）するか、どちらかが必要です。

まず、「手元流動性2か月」のため、手持ち資金を使っての投資は選択肢にはありません。そう。もし、投資するとしたら、金融機関からお金を借りて、手元資金を減らさずに投資をすることを考えなくてはなりません。

借りてでも投資をするのか、しないのかの判断のため、もう1つの指標を見ます。自己資本比率（じこしほんひりつ）。かっこいい専門用語2つめです！

自己資本比率は、貸借対照表に書いてある　純資産÷資産合計で計算できます（漢字だらけ）。ちなみに、自己資本比率の計算式は、正式にはもっと複雑ですが、中小企業であれば、ほぼこの計算式で問題ありません。

これは、簡単にいうと、あなたの会社が持っている資産のうち、何%くらい、返さなくてもいいお金で賄えているの？　という指標です。

これが10%を切っていると、ちょっと厳しいです。さらに、自己資本がマイナスの場合（持っている資産の総額より負債が大きい場合）は、特に「債務超過（さいむちょうか）」といいます。

この自己資本比率が10%を切っているなら、いくら売上を伸ばす可能性があったとしても、投資を我慢するのが賢明です。いったんは、経費削減で収益性を回復させ、自己資本比率を改善したうえで、攻めの経営に打って出られる環境を整えます。

「いまは我慢のとき！」と自分に言い聞かせてください。

こんなふうに、バランスってとっても大切です。

お金は、多ければいいっちゅうもんちゃいますやん。だって、たくさんあるから安全とは限らへんし、使ってなんぼ。使うから価値がでるんですもん。

でも、そやからって、「ええこと聞いた！」と思わはって、好き勝手に使ったたらええっちゅうもんでもちゃいますしね！

ね！！　社長。ですよね！！

貸借対照表や損益計算書を読めるようになれば、経営者がなんとなく肌感覚でやってきた、お金を「使う」「使わない」の判断に磨きがかかり、必ず、会社の成長スピードがアップします。

お金は黄金バランスで使ってなんぼ

利益が出たのに「納税するお金」を借りなければならない理由

税理士のプチ悩み……。

お客さまの会社と決算の打ち合わせをしているときの〝あるある〟の話です。

売上が右肩上がりに順調に伸びている会社さん。

社長に仮決算を組んで、決算予測を報告する私。

「社長！　さすがです!!　今期は、売上が順調に伸び、収益性もしっかり確保されているから、最終利益は、前期の1・5倍となりそうです!!」

報告を「うんうん」、と聞く社長の顔は、まんざらでもない、どや顔です。

そして、私は続けます。

「ということで、社長。納税額の概算ですが、法人税と地方税で約５００万円、消費税が１０００万円ほどで、納付額合計は１５００万円程度が見込まれます」

といったとたんに、社長の顔色が変わります。

「はぁ⁉　１５００万円⁉　そんな金あらへんで‼」

売上が伸びるのも、利益が伸びるのも素晴らしいことで、喜ばしいこと。

でも、納税もセットでやってきます。

中小企業の実効税率を約35％とすると、５００万円の法人税等の納付が必要ということは、５００万円÷０・35で１４３０万円程度の利益は出ているってこと。

あれ？

法人税って利益の35％しか納税しなくていいのだから、お金が足りないはずがないのでは⁉

消費税は、お客さまから預かった消費税から、自社が払った消費税額を差し引いた額を納めるだけだから、こちらも理論的には、お金が足りないなんてはずがない⁉

でも、実際問題、**利益が出たからといって、消費税を預かっていたからって、いま、ここにお金が残っているとは限らない!!** というのが現状です。

だって、消費税って、お客さまから預かっているというのが、頭ではわかっていても、「はい、これは預かった分」とかいって、ちゃんと区分けして、別の預金口座に置いている会社とか、いまのところ、見たことないですもん……。

そうなんですよね。1か月で売上が1000万円あったとしたら、お客さまからは、消費税込みで1100万円のお金をいただいているはず。そのうち100万円は、納税するお金、と分けていないんですよね。

法人税等の500万円だって一緒。利益は出ていても、お金が残っているとは限らない。だって、売上が右肩上がりに伸びてるなら、先月よりも今月は、もっとたくさんの商品を仕入れなければ！　だし。先月の売上でもらったお金をほとんど使って、次の商品を仕入れているかもしれません。

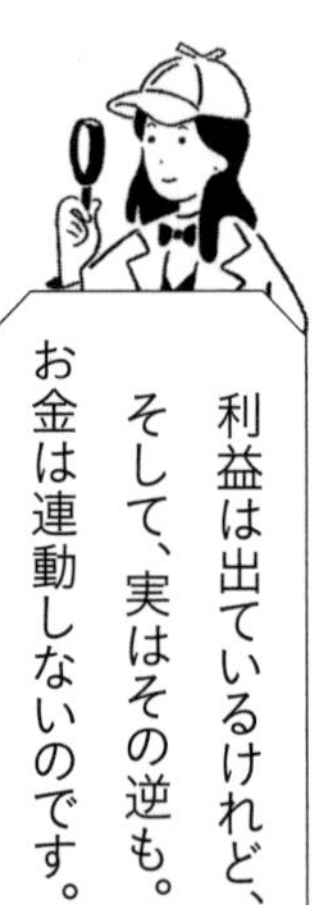

利益は出ているけれど、お金があるとは限らないのです。そして、実はその逆も。赤字なのにお金が増える現象も起こります。短期的には、損益とお金は連動しないのです。

だから、社長がいう「そんな金、あらへんで!!」は、本当のことなんです。

京セラの創業者である稲盛和夫さんが、創業当初、経理担当者から「納税資金が足りないから銀行から借ります」という報告を受け、「なんで、利益が出ているのに、お金がないんや！　わかるように説明せぇ！」と何度も何度も経理担当者を問い詰めたというエピソードを聞いたことがあります。

その気持ち、すごくわかります。

利益から払う税金額が、借りなきゃ払えないなんて、ホント納得できないですよね。でも、会計の知識が身につけば、逆にこれが、自然なことと腑に落ちるのです。

稲盛さんも、このような経験から、「会計を知らずに、経営ができるか！」と比較的早い段階で会計の重要性に気づけたことが、京セラが成長する1つのきっかけとおっしゃっていました。

納税するお金を借りるって、すごく不思議なようで、会計の原理を理解すれば、ある意味、納得できる理屈。会計の知識を身につけ、お金を味方につけ、強い会社をつくってくださいね。

会計を知らずに経営はできひんもん

京都老舗企業からの教え

300年以上続く松栄堂さんのお金の使い方

京都には、松栄堂さんというお香を製造販売する老舗企業があります。
創業は1705年ごろ。
1705年といえば……。江戸時代！
暴れん坊将軍でおなじみの徳川吉宗公がまだ21歳という時代。
そんな時代から商売が続いている会社さんってすごいですよね!!

江戸時代から、お香をつくり続ける老舗企業って、どんなイメージを持ちましたか？
古びた京町家の畳ひと部屋で、年配の職人が寡黙にお香をつくっている!?
そんなことをイメージしたあなた。
残念ながら、ブッ、ブ～（失敗音）です。

工場での機械化が進んでいます。

WEBショップはもちろん、お洒落でモダンな直営店舗では、さまざまな体験プログラムが用意され、京都本店併設の薫習館（くんじゅうかん）という体感施設には、修学旅行生たちもたくさん訪れます。最近では、お香の入った「ガチャガチャ」まで置いてあって、若い子たちに人気です。

お店は、日本だけにとどまらず、平成2年には早々にアメリカ法人を設立し、海外進出！っていうか、なんと、明治30年には、それまでの伝統的な香に加え、技術の粋を結集して、諸外国の生活様式にもふさわしい「香水香（こうすいこう）」を開発し、日本初のアメリカへの輸出に成功したというから、驚きです。

そんな松栄堂さんは、どんな特徴的なお金の使い方をしているのでしょう？

それは「投資」です。

松栄堂さんの経営理念には、「変わらないために変わり続ける」となっています。薫香類の製造から販売までをこれからも続けるために、常に果敢に挑み続けるとも。

松栄堂12代目社長である畑正高さんは、大学卒業後に1年間イギリスへ行ったのち、すぐに松栄堂の香房現場に入り、製造から始めました。

畑さんが現場に出たときは、50代の2人の社員と耳の不自由な40代の先輩と工場には4人だったそうです。そのときの危機感が、「この先輩たちが元気な間に、機械化をすすめ、彼らが認める製品をつくれるようにしないと！」という考えでした。

このような現場では、技術を継承できる若い人たちを多く採用するのは難しいと考えたからです。

あとから振り返れば、ここが松栄堂さんにとって、1つのターニングポイントだったことは間違いありません。ポイントは3つです。

1　投資の必要性への理解

1つめのポイントは、収益を上げるために投資（お金を使うこと）が必要だと理解していたことです。

2　正しいお金の使い方

2つめは、お金の使い方を誤らなかったこと。

この時代、職人技をオートメーション化するなんて、現実的ではなかったはずです。ごく平凡な頭で、「生産性アップのための投資は何か?」と考えたら、せいぜい香房をきれいにするとか、給与をアップして、職人の数を増やすとか、そんなことにお金を使おうと考えそうです。

でも、畑社長は、その時代、誰もやったことのない技術のオートメーション化というところにお金を使うと決めました。「果敢に挑戦する」という経営理念の体現でしょうか。時代という外部環境を分析し、自社の強みを分析した結果、お金の使い方を誤らなかったのでしょう。

3　あきらめなかったこと

最後に3つめ。実は、実際に工場が建設されるまでに10年かかりました。でも、その10年間、建設をまったくあきらめなかったことです。

松栄堂さんの企業理念は、「細く　長く　曲がることなく　いつも　くすくすくすぶって　あまねく広く世の中へ」です。まるで、お香の煙のように。

畑社長の頭の中には、いつもこの理念があります。

この理念を実践するには、自分は、会社は、何にお金を使わなければいけないのか？

その「問い」こそが、３００年続く松栄堂さんのお金を使う判断基準なのです。

第2章

損益計算書の問題点を洗い出しましょ

売上が伸びても利益が出ない犯人を探せ！

損益計算書を読めてこそ儲かる会社がつくれる

さてさて。
ここでは、使うためのお金を増やす方法の1つ、「稼ぐ・儲ける」にフォーカスします。
お金を使うためには、しっかり儲けないとね！

会社を経営していくには、会社の数字を読む能力は外すことができません。

経営者にとって、会社の数字が読めるって、めちゃくちゃ大事なスキルの1つなのです。

その中でも、儲かる会社にしたかったら、損益計算書が読めなくてはなりません。

なぜかというと……。

損益計算書を見れば、儲かっている理由、儲かっていない理由がわかるからです。

ところで、みなさ～ん、損益計算書を見るのは好きですか？　損益計算書、面白いですか？

はぁ？　どこが？

という、心の声が聞こえてきそうです。

私は、損益計算書を含む決算書を見るのが大好きです。面白いです！

だって、**決算書を見ていたら、いろいろなことがわかるから。**

「そら、これだけの粗利率があったら、この会社、儲かるはずやわ」

「何を売ったら、どんな売り方したら、こんな粗利率が出るんやろ⁉」

「わぁ、これだけの人員で、めちゃめちゃ稼げてるやん！」

「どんだけ、効率的やねん！　商品アイテム数、絞ってるのかな」

とにかく、決算書を見ていたら、ツッコミどころが満載‼

さらに、その決算書とともに社長の顔が目の前にあったら、質問し放題‼

楽しすぎます。

社長から事業内容を教えてもらって、決算書を読みながら、気になることを社長に聞いてみる。そしてまた、決算書で確認し、さらに質問……。

このループを繰り返せば、

「え～、今回の犯人は実に手ごわいです」

（おでこに指先をあてて）「え～ここ！」「これが赤字の犯人です。」by古畑任三郎。

と、かっこよく言い放つことができます。

もちろん、目の前に社長がいなくても、そう、たとえば公表されている上場企業の決算書も面白いですよ。けっこう、参考になるんです。

ユニクロとしまむらとか、マニアックなところでいくと、日本板硝子と旭硝子あらため素材の会社エ～、ジ～、シ～（ＡＧＣ）♪　とかを見比べると、同じような事業をしている会社でも、稼ぎ方の違いに気づきます。やっぱり、それぞれの会社の風土というか、企業理念的なものが数字に表れていて、「なるほどねぇ」「さすがやで」とか、ホント飽きません。

話がそれましたが、この本を読んでくださっている方で、「損益計算書、大好き♥」「損益計算書が目に浮かぶ～♥」というマニアックな人は少ないでしょう。

どちらかというと、「損益計算書⁉ えーっと、たしか税理士から渡された決算書ファイルに挟んであったあれね」くらいだと思います。

でも、大丈夫。まずは基本からお伝えしますね。

損益計算書には、何が書いてあるかというと……。

損益計算書には、「1年間活動して、どれだけ利益が出たか」が書かれています。

ポイントは、「利益」を5つに分類して詳細に書いてくれているということ。

利益を5つに分類して書いてくれることで、利益が出ない、少ない、の原因をあぶり出しやすいんです！

ざっくりと損益計算書の構成を説明します。

損益計算書は、上から、売上高、そこから売上原価を差し引いた①売上総利益。そこから販売費及び一般管理費（世間では、経費って呼ばれている）を差し引いた②営業利益。

そして本業とは直接関係のない収入と費用（営業外収益、営業外費用と呼ぶ）を足して、

損益計算書　　（〇〇〇＝金額）

P/L		
売上高		〇〇〇〇〇
売上原価	（－）	〇〇〇〇〇
①売上総利益		〇〇〇〇〇
販売費及び一般管理費	（－）	〇〇〇〇〇
②営業利益		〇〇〇〇〇
営業外収益	（＋）	〇〇〇〇〇
営業外費用	（－）	〇〇〇〇〇
③経常利益		〇〇〇〇〇
特別利益	（＋）	〇〇〇〇〇
特別損失	（－）	〇〇〇〇〇
④税引前当期純利益		〇〇〇〇〇
法人税等	（－）	〇〇〇〇〇
⑤当期純利益		〇〇〇〇〇

引いて③経常利益。そして、めったに出てこない収入と費用（特別利益と特別損失）を足して、引いて④税引前当期純利益。そこから税金を引いて⑤当期純利益。

ついに終了。何回足して、引くねんっ！

もう、ええわっ！

とツッコミたくなる気持ちは抑えて、上の図でご確認ください。図で見たほうがわかりやすいですね！

会計、嫌い～。苦手～。という人のために、ポイントを3つだけに絞りました！

損益計算書が読める、できる大人になるために、なんとかこの3つだけは押さえてください。

1　営業利益がプラスになっているかを確認！

営業利益とは、本業で利益が出ているかどうかを見る欄です。ここがマイナスだったら、事業をしている意味さえなくなってしまいます。「なんで、儲からないの？」「どうしたら、儲かるの？」は、この後の項目で書いていきます。

ここでは、まず、営業利益とは事業そのものの利益、本業でたたきだした利益であることを覚えてください。そのうえで、自社の決算書か試算表を見て、自社の営業利益額がいくらなのかを押さえておきましょう！

2　売上総利益は、最も大切だと肝に銘じる

売上総利益は、売上よりも大切です。

売上総利益のことを世間では、「粗利（あらり）」とも呼んでいます。この利益から、みんなへのお給料も支払われるので、根幹となるとっても大切な利益です。

「売上総利益は、売上よりも大切！」と押さえておきましょう。

3　損益計算書は、「比べる」がポイント！

損益計算書は、同業他社と比べたり、過去の自社と比べたりすることで問題点があぶり出されます。

損益計算書を読むときは、「比べる」というキーワードを押さえておきましょう。

儲かる会社にするためには、儲からない原因を見つけ、問題点を明らかにしなければなりません。損益計算書を読むことは、**「儲からない原因、問題点を洗い出す」ための必須**なのです。

「営業利益」「売上総利益」「比べる」
の3つは押さえなあかんえ

会社を動かすのは「人」

実はもう1つ、儲かる会社にするために決算書（損益計算書）が読めなくてはいけない理由があります。

実際に、会社を動かすのは、社長も含め、幹部や社員。

つまり、「人」です。

ここで、人間の特性を理解しておく必要があります。

余談ですが、私は、この意味でも財務と併せて心理学も勉強しています。

人間は、感情のある生き物です。心理学の理論を学ぶと、人間は自然人である以上、多くの「選択」や「判断」を論理的にではなく、感情で判断していることが理解できます。

どんなに正しいとわかっていても、「こんな憎たらしいやつにいわれて動くなんて、あほらしくてやってられんわ」と思ったら、なんやかんやと理由をつけて動かない。なんて常にあること。

一方で、多くの人が、「自分は、感情ではなく論理的に判断した」と考えているのです。

この事実から、何がわかりますか？

人間は感情で動いている。

しかし、自分は論理的に判断し行動していると思いたい、ということ。しかも、優秀な人であればあるほど、このように考えている傾向が強いのです。

そうなんです。

人間の特性を理解して、人を動かすためにも、決算書（損益計算書）

は、読めなあきません！

経営者が、社員や取引先を動かすには、熱い志や勢いだけではダメ。優秀な社員であればあるほど、論理的に判断したいと考えている。そのニーズを満たしてあげる必要があるのです。そのためには、熱い心に加え、数字の根拠を持って論理的でなければなりません。

もちろん、自分が決断するときも同じです。自分自身も論理的に決断したいと考えています（たとえ心の奥底では答えが決まっていたとしても）。

「数字を読む能力」を身につけることで、「自分の決断は正しい」と自分自身に確信を与えることができます。不安を持ちながら取り組んでいるときと、「当然、うまくいく」と確信を持ってやっているときって、成果は全然違いますよね！

もちろん、周りの人から見ても、社長が自信を持ってやっているのと、そうでないのとでは、まったく取り組む姿勢が異なります。

「損益計算書にあるように、当社は、△△が低いことに問題がある。これを改善するためには、全社をあげて○○に取り組む！　ここに集中すれば、A社を抜き、必ずトップシェアだ！　当社の素晴らしい商品をみんなでお客さまに広げていこう!!」

「オ〜!!」と思わず湧き上がる歓声。

人間は、感情で動いています。やりたくないことには力が入りません。

一方で、論理的でありたいと考えています。

心に数字という論理を乗せてあげる。

集団を組織に変え、人を動かすには、「数字を読む力」や「数字で語る力」が必要です。

会社の「数字を読む力」は、ただの知識と技術。

技術なんだから、経営能力があるとか、ないとか、全然関係なくて、勉強して体得すればよいだけのこと。大切さを知らなかったら、勉強する気にもなれないけれど、大切であるって腑に落ちたら、あとは、勉強するだけですものね！

あなたの熱い想いに、数字の技術を加えられれば、鬼に金棒です！

自分のために、社員のために、損益計算書を読める経営者を目指しましょう！

人を動かすためにも
数字を読んで、数字で語らな、あかんの

売上が伸びているのに利益が増えないときの対処法

3月31日。第5期となる今期も無事に決算月を終えました。

「売上は、3億円突破！　前期比120％!!　ありがとう。売上目標達成です!!」

社長の一声に、社員たちから、思わず、歓声が上がりました。

今期は、本当にみんな忙しく働きました。声には出しませんが、次回の賞与アップを期待しているようです。

半月ほど経ち、税理士が仮作成した今期の決算書を持って、打ち合わせにやってきました。

「賞与、どれくらいアップしようか。どれどれ……」

（単位：千円）

	第4期	構成比	第5期	構成比	
売上高	250,000	100.0%	300,000	100.0%	
売上原価	175,000	70.0%	225,000	75.0%	
売上総利益	75,000	30.0%	75,000	25.0%	②
販売費及び一般管理費	63,000	25.2%	72,462	24.2%	②
営業利益	12,000	4.8%	2,538	0.8%	①
営業外収益	0	0.0%	0	0.0%	
営業外費用	750	0.3%	1,000	0.3%	③
経常利益	11,250	4.5%	1,538	0.5%	③
特別利益	1,058	0.4%	0	0.0%	③
特別損失	0	0.0%	0	0.0%	
税引前当期純利益	12,308	4.9%	1,538	0.5%	③
法人税等	4,308	1.7%	538	0.2%	
当期純利益	8,000	3.2%	1,000	0.3%	

※構成比は0.01％以下を四捨五入
※金融機関などはたいてい千円単位の資料のため、慣れるまで見にくいかもしれませんが、「千円単位」に慣れましょう

税理士が持ってきた今期の仮決算書の損益計算書ページを軽やかに開き、そして棚から、その前の第4期の決算書を取り出し、同じく、損益計算書ページを開きました。

損益計算書の数字を上から見比べます。

「2億5000万円だった売上が、今期は3億円かぁ。みんなホントによくやってくれたなぁ。さて、売上が120％アップってことは、利益は……」

「ん？」

焦って数字を何度も見直す社長。でも、何度見直しても同じ。最終的な税引き後の利益は、前期800万円。それに対して今期は、なんと、たった100万円。増える

どころか利益は逆に減っているのです！

会社経営をしていると、こんなことも普通に起こります。

損益計算書を見ないで、売上だけで、業績がいい。なぁんて判断して、賞与を増やしていたら、会社の利益もお金もあっという間に吹っ飛んでしまいます。

もちろん、みんなの努力、頑張りをしっかり金銭で還元するのは、とっても大切なことです。でも、その前に、経営者であれば、みんなの頑張りが、ちゃんと成果に結びついているのかチェックするのはもっと大切です。

まず、落ちついて深呼吸。ここからが、数字を読める社長の腕の見せどころです。

いろんな思いはいったん脇に置き、素直に数字と向き合います。

損益計算書は５つの利益が書かれていると述べました。１つずつチェックしていきます。

手順① 営業利益を前期と見比べる

最初に、**営業利益を前期と見比べてください。**

増えている？　減っている？

売上が５０００万円も増えたのに、営業利益が１０００万円近く減っています！

営業利益とは、事業そのもので稼いだ利益のことでしたね。売上が１２０％にもアップしているのに、前期よりも営業利益は減っている。今期の事業そのもののやり方に何か問題があったということです。

手順②　売上総利益と販売費及び一般管理費を見比べる

①でわかった営業利益が減った原因を探るためには、**売上総利益と販売費及び一般管理費の2つをチェックして、前期の数字と見比べてみてください。**

まず、売上総利益。なんと前期とまったく同額の７５００万円。売上が５０００万円も上がったのに、粗利が増えないなんて、これは問題です。粗利率（売上総利益÷売上高）は30％から25％へと5ポイント下落しています。

続いて、販売費及び一般管理費。前期６３００万円だったものが、７２４６万２０００円へ経費も９００万円ほど増えたようです。これは問題といえるでしょうか？

これについては、**金額とともに、右隣に書いてある構成比も比べてみます。**この構成比とは、対売上に対して何%だったかということ。販売費及び一般管理費÷売上高で計算しています。これを見ると、前期は売上の25・2%の経費がかかっていましたが、今期は24・2%。比率から見ると、一概に経費のかけすぎとはいえないかもしれません。

手順③　経常利益を見比べる

続いて、経常利益。**これは営業利益に営業外収入を加え、営業外費用を差し引いた利益**でした。

たしかに経常利益額は、前期に比べ971万2000円も減っています。しかし、営業外収入と営業外費用の前期との違いは、25万円のみ。つまり、経常利益額が前期よりも大きく下がった原因そのものは、営業利益額の差にあることがわかります。

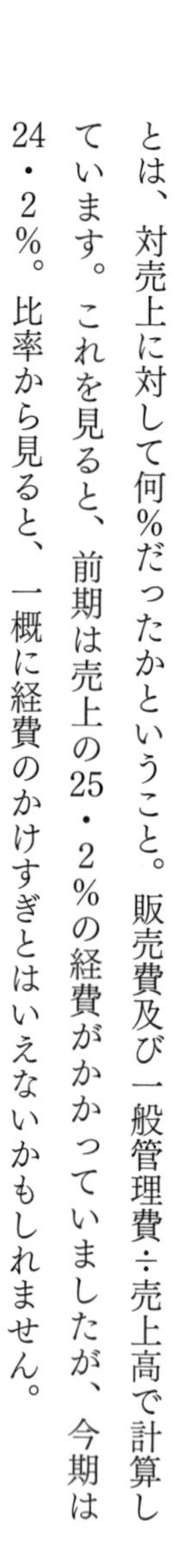

こうやって、順に見ていくと、売上が上がったのに、利益が落ちた原因にアタリがついてきます。犯人は、お前だ！

そう。今回、利益が落ちた最大の原因は、粗利率の低下でしょう。

売上が伸びたにもかかわらず利益が増えないときは、損益計算書の5つの利益でチェックして、どの時点から利益が落ちているのかを調べ、原因を洗い出します。原因を追究する理由は、「原因＝問題」だからです。そして問題解決のために課題を設定し、実行することこそ、経営改善につながります。

最後に**税引前当期純利益。**前期あった特別利益105万円が今期にはない。これは内容が何だったかは、調べておく必要があります。

自社の経営の問題が特定できれば、問題の80%は解けたも同じ。

売上が伸びているのに、なぜ利益が増えないのか？

とにかく、まずは原因を突き止めること。

原因を突き止めるためには、5つの利益を順に見ていき、どこに問題があるのかを突き止めることが、経営改善の第一歩です。

利益が下がった原因は1つずつ絞ったら
絶対、特定できますしね！

損益計算書から赤字の原因をあぶり出す3つのポイント

もしも、赤字だったら……。とにかく原因追及が経営改善の第一歩。

これは、先述した通りです。

赤字になる原因は、いろいろ考えられます。

景気が悪くて売れなかった。ライバル出現で値崩れした。材料費が値上がった。人件費が上がった。人手不足でお客さまの十分な受け入れができなかった。金利は上げられるし、機械は壊れるし、高額商品の盗難もあったし……。

本当にいろいろな原因があります。

ややこしいことに、1つの要因というよりも、それらが絡み合って、あっちもこっちも要因が重なったり入り組んだりで赤字になります。
だから、「社長、赤字の原因は何だと思いますか?」って質問すると、山のような答えが出てくる。もしくは、山のようにありすぎて、思わず黙ってしまうそう。問題の本質をとらえて絞り込むのって、案外難しいのです。

現実社会って複雑。

教科書の問題みたいに単純に、「はい。赤字の原因は○○です」なんていえない。

自社の最重要課題、最初に対処すべき問題を絞れたなら、経営改善もできたと同じです。

とにかく、赤字の原因を見つけるところから。

たくさんある問題点から、**「重要かつ最初に対処すべき問題」を絞ることが大切**です。

なぜ、絞り込む必要があるかって?

理由は、経営改善というのは、つらくて苦しいものだからです。社員にも社長自身にもたくさんの我慢や無理を強いることになります。だから、火事場の馬鹿力的に出せる力は限られていて、短期決戦が必須。最初にみんなが取り組んだエネルギーで、何かしらの見える結果を出し、改善の兆しが感じられなければ、がんばり続けることができないのです。だから、一番効果を実感できる、最優先にして、最重要な問題にアタリをつけて、攻撃できるかどうかが、めちゃくちゃ大切なんです。

問題を絞り込む技術は、経営者にとってなくてはならない技術。

そんなときも役に立つのが、損益計算書なのです。

前述のように5つの利益のどこで赤字になっているかをチェックします。そして万が一、営業利益の項目で赤字になっていたら、それは、本業、事業そのものに問題があるということです。

その赤字の原因をあぶり出すには……。

批判覚悟でいいます。会社が事業で赤字になるのは、大きく分けると3パターンしかないのです！

まずは、3パターンのうち自社がどのパターンにあてはまるのかを絞ります。さらにそれを分解していけば、自社にとっての重要かつ早急に対応すべき問題が見つけられます。

その3パターンとは、

1　売上総利益率（もしくは限界利益率）が低すぎる
2　労働分配率が高すぎる
3　その他経費が多すぎる

この3つのみです。

売上総利益率、限界利益率、労働分配率……。

「漢字を並べるのは、やめて〜〜」「自分、文系だし〜〜」という心の声がダダもれです。すみません。そう、嫌やんねぇ。なんで会計用語って難しいんでしょうね。

意味は次の項目からできるだけ簡単に書いていくので、用語は単語としてあきらめて丸暗記でお願いします。

お伝えしてきたことをまとめます。まずは5つの利益の「営業利益」欄で利益が出ているか赤字なのかを確認する。ここで赤字なら、そもそも事業に問題あり。事業の見直しが必要です。

事業を立て直すために、最優先、最重要課題として取り組むべきは、売上総利益率（もしくは限界利益率）、労働分配率、その他経費の3つのどれかにあります。

損益計算書で事業で利益が出えへん理由を絞り込むん

経営で大切な「限界利益」

みなさ〜ん、**「限界利益」**という言葉をご存じですか？

「コーチ、利益を出すのは限界ですっ！」とか、スポコンアニメの千本ノックのシーンに出てくるような意味ではまったくありません。

「限界利益」という言葉は、損益計算書には出てきません。

ちょっとややこしいのですが、この限界利益という言葉は、通常の決算書をつくる財務会計で使う用語ではなく、**管理会計で使う用語**なんです（会計にも財務会計、管理会計があるといったややこしい話は、今回は割愛します）。

損益計算書に出てこないにもかかわらず、経営を考えるために数字を見るときに「限界利益」という考え方は、大切な要素です。言葉の意味と考え方のみマスターしてください。

いろいろいいましたが、安心してください。

モノを仕入れて売るような事業をしている方（小売業や卸売業）なら、限界利益＝売上総利益なので、わざわざ、「限界利益」という言葉を意識する必要はございません！

それ以外の、材料を仕入れて自社で製造している製造業とか、建設業などは「限界利益」と「売上総利益」の金額が異なるため、「限界利益」という言葉を意識する必要があります。

限界利益を式で書くと、

限界利益＝売上高－変動費

さて、ここで変動費とは何でしょう？

読んで字のごとく、**変動費とは、売上が増えたら一緒に増え、減ったら同じように減る費**

用。売上の上下とともに変動する費用のことをいいます。

たとえば、商品の原価とか、通信販売をしている場合の発送費など。あるいは、モノをつくって販売しているなら、材料費や外注費といったものです。

ほかにもいくつか考えられるのですが、細かく考えすぎると頭が混乱しちゃうので、業種ごとに次のように覚えてみてください。

1　販売業

販売業のお客さまには、私は次のように伝えています。

「変動費とは、売上原価のこと。だから限界利益＝売上総利益として考えてくださいね」

2　製造業・建設業

製造業や建設業のお客さまには、「変動費とは製造原価報告書（決算書に損益計算書とともについています。次のページ参照）の労務費以外」と説明しています。

労務費は、売上額に応じて大きく変動するものではないからです。実務的に製造業における限界利益は、次のように簡易的に計算するとよいでしょう。

製造原価報告書

（○○○＝金額）

勘定科目	金額	
	内訳	合計
1.材料費		
1　期首材料棚卸高	○○○	○○○
2　当期材料仕入高	○○○	○○○
合計（1＋2）	○○○	○○○
3　期末材料棚卸高	○○○	○○○
当期材料費（1＋2－3）	○○○	○○○
Ⅱ.労務費		
1　基本給	○○○	○○○
2　諸手当、福利厚生費	○○○	○○○
当期労務費（Ⅰ＋2）	○○○	○○○
Ⅲ.経費		
1　電力費	○○○	○○○
2　ガス・水道料	○○○	○○○
3　運賃	○○○	○○○
4　修繕費	○○○	○○○
5　旅費・交通費	○○○	○○○
6　通信費	○○○	○○○
7　外注加工費	○○○	○○○
8　雑費	○○○	○○○
当期経費（1＋……8）	○○○	○○○
1　当期製造総費用（Ⅰ＋Ⅱ＋Ⅲ）	○○○	○○○
2　期首仕掛品棚卸高	○○○	○○○
3　期末仕掛品棚卸高	○○○	○○○
当期製品製造原価（**1＋2－3**）	○○○	○○○

限界利益＝売上総利益＋労務費

変動費から考え出すと、在庫を加味するとか、ややこしくなってくるので、ざっくりこの式で覚えてください。

限界利益という考え方をマスターすることが、経営にとって、とっても大切です。より理解していただくために次の節では、具体的な例で見てみましょう。

損益計算書にはないけれど、「限界利益」は大切な概念なんやで

「分解して比較する」数字の扱い方をマスターする

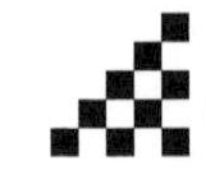

「限界利益」という考え方をマスターするために、ある会社の例で見てみましょう。
健康器具の販売店を例に、具体的な数字で考えます。
A社は、健康器具を1台12万円で販売しています。X社から8万4000円で仕入れているそうです。
健康器具1台あたりの限界利益は、
限界利益（＝売上総利益＝粗利）＝12万円－8万4000円＝3万6000円
ライバルB社も、同じく健康器具を1台12万円で販売しています。こちらはY社から7万8000円で仕入れているそうです。

限界利益（＝売上総利益＝粗利）＝12万円－7万8000円＝4万2000円

仮にA社もB社も月に100台の健康器具を販売しているとすれば、月商（月の売上高）は、同じ1200万円なのに、A社の粗利は360万円（3万6000円×100）。B社の粗利は420万円（4万2000円×100）と60万円の差がつきます！

そう、この**限界利益こそが経営の根幹となる数字**です。

なぜなら、この限界利益から、みんなへのお給料もお店の家賃も広告宣伝費も支払われるからです。この利益が十分に稼げていなかったら、必要な経費が払えないし、未来への投資もできないのです。

給与の源！　ってわけです。

会社が事業で赤字になるのは、大きく分けると3パターンしかない、と述べました。そして、その1つのパターンが、**限界利益率が低すぎる**こと。

まず、限界利益率の計算式は、

限界利益率＝限界利益÷売上高×１００（％）

では、この計算式で計算して、低すぎるかどうかは、どうやって判断しますか？

この限界利益率は業種によって、あるいは戦略によっても、かなり差があります。そのため、この利益率は、何％以上が適正などとはいえません。

ただし、思い出して。**損益計算書は「比べる」がキーワードでしたね！**

まずは、自社の5期分の決算書を用意してください。そして、業績が良かったときと見比べてみましょう。

「あれあれ⁉　よく見ると、３期前の限界利益率は30％だったのに、当期の限界利益率は25％に落ちている」といった発見もあります。

あるいは、同業他社の数字と比べてみましょう。同業他社の数字は、ＴＫＣ全国会が出しているＢＡＳＴ要約版ならインターネットでも見ることができます。

このような数字と比べてみて、この限界利益率に問題がないかをチェックします。

この**限界利益率の改善は、経営的にも、もっともインパクトの大きな改善**になります。

事例で考えてみましょう。

売上が1億円、限界利益が2000万円。経費1900万円を差し引き、営業利益100万円を計上している会社があるとします。この会社の限界利益率は、2000万円÷1億円×100％＝20％であることがわかります。

もしも、限界利益率が3％高ければ、限界利益額は2300万円となり、営業利益は300万円増加します。

限界利益率を3％アップするためには、売値を3％アップさせるか、原価率を3％下げるのか。あるいは、売値を1・5％上げて、原価率を1・5％下げる工夫でも対応できます。

では同じように、300万円利益を増やすために、経費削減で行なうにはどうしたらいいでしょう？　300万円の経費削減が必要ですね！

いま、1900万円かかっている経費の300万円を削減するということは、300万円÷1900万円×100％＝15・8％。そう、経費総額の15・8％もの経費削減をする必要が生じます。厳しい削減であることが理解できるはずです。

この事例で、限界利益率が経営に与えるインパクトの大きさがイメージできるのではないでしょうか。

業種により大きな差があるので、適正限界利益率はいえないと書きましたが、私のこれまでの税理士としての経験上、限界利益率が10％を割るとどんな業種でも立ち行かなくなりそうです。これは論理的根拠のある数字ではありませんが、経営改善に20年携わり多くの会社を見てきた経験値から出た数字です。

また、過去の自社や同業他社と比較し、5％以上の開きがあれば、必ず原因を突き止めてください。そこが、業績不振の原因である可能性が高いです。できれば、3％以上の差があれば、原因を追及する癖をつけたほうがよいでしょう。

では実際、どのように原因を追及していくのでしょう？ そのやり方は、「分解して比較する」です。たとえば、売上と限界利益額だと次のような感じです。

1 売上を分解する

売上を分解して考えれば、**「売上＝単価×数量」**。

ということは、売上がアップする原因は、①売値の単価アップ、②販売数量の増加、③

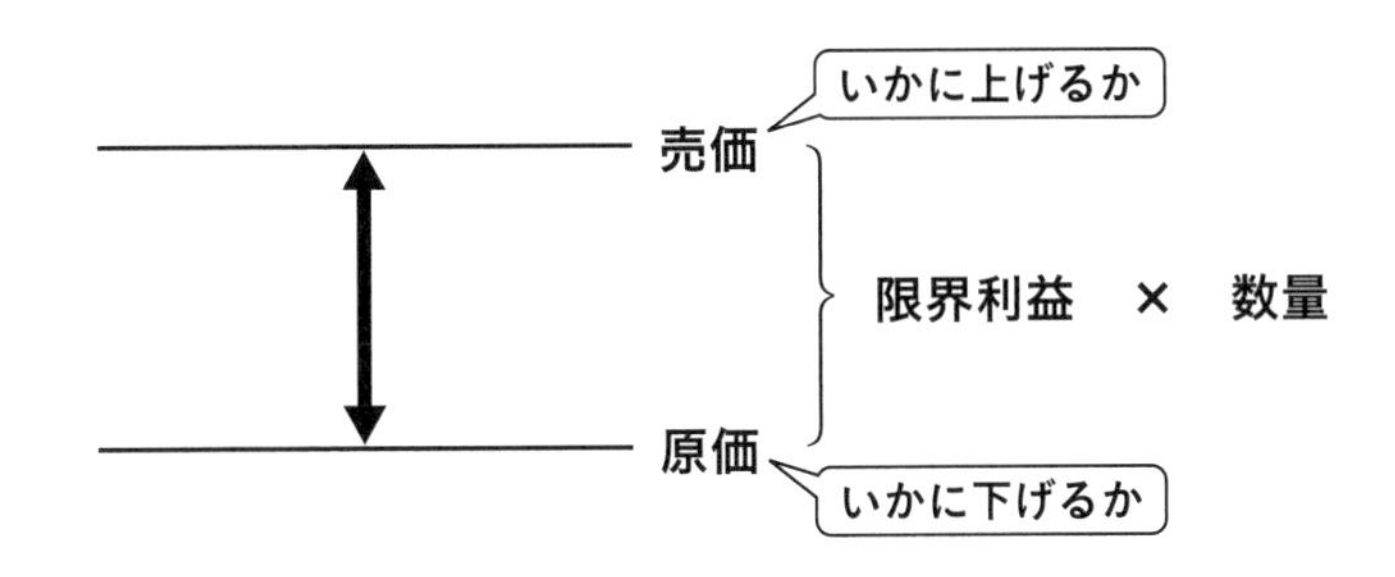

その両方、の3択が考えられます。

2　限界利益額を分解する

同じく限界利益額を分解して考えると**「限界利益（≒売上総利益）＝（売値－原価）×数量」**。

限界利益率が低すぎるということは、①売価が低すぎる、②原価が高すぎる、③その両方、の3つの原因が考えられます。

何が原因かを丁寧に調べます。ライバルの売値を調査し、自社と比べます。もし、自社との差があるなら、どうして違いが出ているのか原因を分析します。

値上げをするにはどんな価値をつければ、お客さまに納得いただけるか……なども見ていきます。

また、取引業者の研究をして、ライバルがどんな材料をどこからいくらで仕入れているかを見たり、もっと当社にあった外注先の開拓や、内製化できないかを検討したりもします。

逆に社内製品は絞って、外注に回すことでの効率化の検討もします。

さらに実際には、1つの商品だけではなく、いくつかの商品を販売しているはずですよね。そこで、どの商品の販売が増えたのかを調べ、販売数量の多かった商品のトップ10だけでも、商品ごとの限界利益率を調べてください。

「今期売上が伸びたA商品の原価が上がっていたのに見積もりに反映できていなかった」など、分解して考えることで問題が特定されていきます。

また、廃棄が多くなかったかも要チェックです。

見逃しがちですが商品1つひとつの限界利益率は適正でも、廃棄が多いせいで限界利益率を押し下げている可能性もあるからです。

商品ごとの切り口だけでなく、得意先ごとの切り口で、どの得意先への売上が大きかったのかを調べるのも効果的です。トップ10の得意先だけでも得意先ごとの限界利益率を調べてみる、などの分析を進めます。

繰り返しになりますが、限界利益率の改善ほど、経営に大きなインパクトを与える経営改善はありません。

実際、業績を大きく改善された会社さんは、どこもこの限界利益率を大きく改善されています。

限界利益とは、究極をいえば、売価と原価の差額。つまり、この限界利益、付加価値とも言えますが、これを最大にするには、売価を最大に、原価を最小にし、その差額を最大にすることなのです。

京セラ創業者の稲盛さんは、「値決めは経営」とおっしゃいました。その言葉通り、大きく経営改善を実現させた会社さんは、値決めをものすごく大事にされています。自社の差別化ポイント、自社の商品・製品がお客さまにとってどんなメリットをもたらすのかを正しく把握し、お客さまに正しくわかるように伝えたうえで、お客さまが満足するギリギリの見積もり、値決め、値上げをされます。

お客さまの満足を勝ち取る値決めに、経営者の真剣さ、執念のようなものを感じます。

原価についてもそう。原価管理するための棚卸の徹底、製品ごと、現場ごと、得意先ごとの原価管理の仕組みなど、そのこだわり、徹底ぶりには、いつも頭が下がる思いです。

まずは、分解して比較するところから。根気強く問題点を見つけ出し、頭をフル回転で、売価を最大値にすること、原価を最小限にすることに集中してください。

限界利益の改善は、必ず、高収益企業への道をひらきます。

最後に、1つだけ注意点をお伝えします。

限界利益率を比較することはとっても大切。「率」だと売上規模の違う他社とでも、過去の自社とでも比べられるからです。そして、1%の違いが大きな利益差になると述べました。

でも、気をつけていただきたいことがあります。**「率」の罠にハマらないでください。**

ここまで書いてなんですが、**大切なのはあくまで「率」ではなく、「金額」**です。

たとえば、前期に比べ限界利益率が1%下がっていても、限界利益の金額が前期よりも増えていたとしたら、それはそれでOKな場合もあります。

限界利益額の式を分解すると「限界利益＝（売値－原価）×数量」でしたね。

たとえば、「売値を低めに抑え、その代わり、ライバルと差をつけ、販売数量を増やす！」という戦略だって成り立ちます。この戦略で挑んでいた場合は、限界利益率が下がっても、限界利益の金額がアップしたなら、戦略が当たったということ。

意図を持って、率を下げる。そして目標としていた限界利益額を達成する。

このような戦略もあるのです。

ただし、実務的には、販売数量拡大の戦略では、一般的に経費も増える傾向になるため、財務力の弱い中小では、難しい戦略かもしれません。

とにかく、戦略は数字に表れます。

限界利益は、経営の根幹となる数字です。

しっかり理解して、限界利益を、意図を持って、操れる経営者になってくださいね。


数字は分解して丁寧に比較しなあかんしね。

戦略でライバルに差をつけて！

「人手が足りないのに人件費が高い⁉」困ったときに見るべき会社の数字

事業再生の仕事をしていると、こんな場面に遭遇します。

直近の決算書を携え、追加融資のお願いをすべく社長とともにメインバンクを訪れます。

今期も赤字でした。営業損益の段階でも赤字です。決算書をペラペラとめくりながら、
金融機関の融資担当者が、軽くため息交じりに、こんなことをいいます。

「社長、人件費が高すぎますよ。人が多すぎるんじゃないですか⁉」

慌てて社長が、

「アホなこといわんといて。人が足りんで困ってるねんで。社員はひぃひぃいうし、いま、
採用募集してるとこですわ」

損益計算書　（○○○＝金額）

P/L	
売上高	○○○
売上原価	○○○
売上総利益	○○○
販売費及び一般管理費	
人件費	○○○
地代家賃	○○○
営業利益	○○○
営業外収益	○○○
営業外費用	○○○
経常利益	○○○
特別利益	○○○
特別損失	○○○
税引前当期純利益	○○○
法人税等	○○○
当期純利益	○○○

う〜ん……。人件費が高すぎるのに、人が足りない!?

これって、どういうことでしょう？

ここで、大切なことは、何をもって「人件費が高い！」といえるかってこと。

給与総額が○○円以上だったら？

営業利益が○○円以上ないと給与は支払いすぎ？

それとも、売上の○○％以上だったら高すぎる？

人件費を高い、低いと判断する基準はけっこう肝になる大切な考え方なんです。

融資担当者がどうして「人件費が高すぎ

る！」といったのかを紐解いてみましょう。融資担当者の目線になって損益計算書を見てみます。


まずは上から、売上金額をざっと見る。

続いて粗利（売上総利益の金額）を確認。この時点で赤字になっている企業はまずないので、なんとなく、次に進む。

3つめの利益である営業利益を見ると、赤字になっている！　なんでだ？　とその上にある販売費及び一般管理費の項目を1つずつ見直すと、ひときわ多額の金額となっている勘定科目がある。

見ると、人件費！　人件費が高すぎるんじゃないか！

このロジックになりがちなんです。

営業利益（本業での儲け）を式で表すと

営業利益＝売上総利益－販売費及び一般管理費

そう。損益計算書を見るとわかるように、営業利益は、売上総利益額から販売費及び一般管理費を差し引いた利益のことです。

販売費及び一般管理費の中で一番大きな金額は、どの会社でもおそらく人件費のはず。そのため、目につくのです。

ただし、ちゃんとした金融機関の方なら、経費だけでなく、粗利に問題がないか、売上に問題がないかなど、前期や前々期の決算書と見比べて、電卓をたたいて、構成比を確認したりします。しかし、あんまりちゃんと見ていない人だと、思わず最初に目についた人件費のことを口に出してしまいがちです。

ちょっと話はそれましたが、元に戻し、人件費の高いか低いかをどうやって判断するかをお伝えします。この判断の仕方は、社長が社員から「社長、人が足りないので、採用してください！」といわれたときも本当に採用していいのかどうか、数字的に判断できるポイントとなりますので、ぜひ、覚えてくださいね！

「人が足りない」というのを鵜呑みにしないために……。

は～い、みなさん！　ここから人件費の高い低いを数字的に判断できる指標、**「労働分**

配率（ぱいりつ）」についての会計のお勉強です。

いや〜。やめて〜。漢字を並べないで〜。という気持ちは痛いほどわかりますけど、頑張って勉強しましょうね。

というのも、この労働分配率に対する考え方って、会計だけでなく、考え方自体は、プロジェクトを任されたとき、サークルでなにかイベントをするときなどにも役立つ考え方で、面白い概念だからです。

まず、労働分配率を式で表してみます。

労働分配率＝人件費÷限界利益（≒粗利）×100％

※ここでいう人件費とは、給与だけでなく、役員報酬や賞与、法定福利費（会社が負担する社会保険料）なども含みます。

やっぱり難しい……。という方は、次のページの損益計算書をもとにした図を見てみてください。労働分配率を図式化すると、次のページのようなイメージです。こちらのほうがわかりやすいでしょうか。

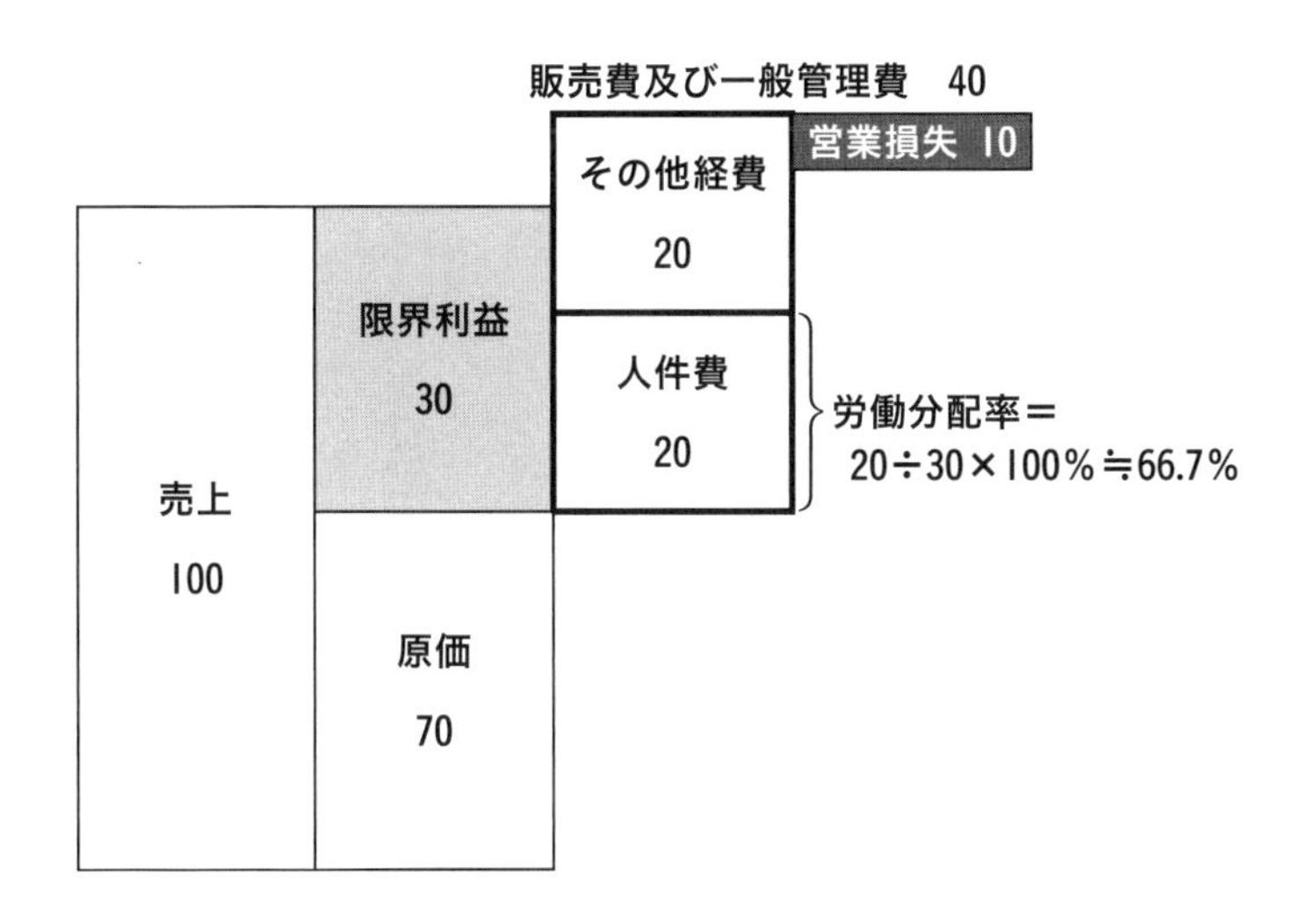

労働分配率は、言葉も式も難しいけれど、何を表しているかというと、要は**みんなで稼いだ限界利益の何%を会社の仲間に分配したか**ってこと。

で、目安としては、これも業種や会社の戦略により、正直にいえば異なりますが、**ざっくり目安でいえば、限界利益の50%。**もう少し、人に依存するところなら、でも、それでも目標値は55%かなってところです。

どの会社も損益計算書の「販管費及び一般管理費」には多くの勘定科目が計上されています。会社を運営するには、いろいろな経費が必要だからです。

事務所の家賃も支払わなきゃだし、ホーム

ページをつくって運用する費用もいるし、交通費もいるし、コピーのカウンター料だって……。となると、いくら稼いだからって、稼いだ限界利益すべてを「みんなで山分けだぁ！」と気前よく人件費で支払っていたら、当然会社が運営できなくなるわけです。利益が吹っ飛ぶんですね。

そこで、「人件費が高すぎるかどうかの判断基準」が必要になります。

もうおわかりですね。
この労働分配率こそ判断基準です。

労働分配率が55％を超えていたら、高すぎると考えるべきです。
労働分配率が高すぎたら、給与が高すぎッてこと!?

さぁ、ここからが問題。
計算してみると、労働分配率が高すぎることがわかりました。
ここで社長に、「ほら、やっぱり、人件費が高すぎますよ」なんて、いおうものなら、「現場も見ないで、数字だけ見て、ええかげんなこというな!!　これやから現場を知らん素人は、あかんのや。数字なんて、あてになるかぁ!!」と社長の逆ギレが目に浮かびます。

言葉を発する前に、まずは、理由を分析です。

ホントに「労働分配率が高い＝人件費が高すぎる」なのでしょうか？

いいえ。違います。

先ほどの図を思い出してください。

労働分配率とは、あくまで、限界利益額と人件費のバランスの問題なのです。つまり、労働分配率が高くなる理由も、分解して問題点を考える必要があります。労働分配率が高くなる理由を2つのパターンに分解して考えてみましょう。

理由① 人数がたくさんいるわりに、みんなで稼いだ限界利益額が低すぎる

この場合に該当するかどうかは、限界利益額を全社員の人数で割ってみて判断してみましょう。

「限界利益÷人数」の計算で、1人あたりいくらの限界利益（≒粗利）を稼ぐことができているかわかります（パーヘッドとも呼びます）。社員は1人でカウントし、パートさんは0・5人でカウントするとか、ざっくりでも把握するといいですね！

目安となる1人あたりの限界利益目標額は、経験からいうと年間1000万円程度。これより低いと、十分な給与を支払えません。

この理由で労働分配率が高くなっているなら、まずは、1人あたりが稼ぐ金額を増やす方法を考えることが、最重要課題となるわけです。

最重要課題がわかれば、あとは、この問題をどうやって解決するか。

たとえば、販売地域をもっと絞り、効率的に配達できるようにするとか、商品アイテム数を絞り、効率化を図るなどなどです。課題が明確になれば、戦略が出てきますね。

理由②　人件費が高すぎる

続いて理由の2つめ、人件費が高すぎる場合。これは、さらに分解して考える必要があります。

単純に、人が余っているっていうなら、話は簡単ですが、そうは問屋が卸さない。逆に、「人が足りない！」といっています。そんなときは、こんな3つのパターンが考えられます。

A　名ばかり役員が何人もいる

B　稼ぎに見合わない高額給与になっている

C　あるいは、何かに手を取られすぎて効率が悪い

業歴の長い会社になると、先代社長のご兄弟や親族など、勤務実態はほとんどないのに、給与や役員報酬のみが支払われていることがあります。

また、稼ぎに見合わない給与。つまり、限界利益を100万円しか稼いでいないのに、1200万円の給与を支払っている幹部社員が数名いるとか。

でも、こんな場合もあるんです。

名ばかり役員もいない。高給取りもいない（社長も含め）。1人ひとりの給与を見たら、全然、高くないし（むしろ、低い……）。みんなまじめに忙しそうに働いている。

それなのに、労働分配率が高すぎる……。

これは、何かに手を取られすぎている可能性が高いです。理由①の「限界利益額が低すぎる」とイコールになるパターンです。「限界利益÷人数」でパーヘッドを計算して、確認してみてください。

「労働分配率が高すぎる」は、繊細な問題です。

会社の根幹を揺るがす事態に発展することもあります。

たとえ暇そうな人がいっぱいいたって、そもそも以前は忙しかったから人を増やしたはず。これまでがんばって働いてくれたのに、いま受注量が少なくて暇になったからって、「はい、さようなら」なんて、ありえません。

先述した名ばかり役員問題だって、「働いていないなら、辞めてもらおう」という、そんな簡単な問題ではありません。いままでの会社を築いてくれた感謝に本当に報いてきたのか。ほかに方法はないのか。でも、それでも経営者として、腹を割って、協力を依頼すべきときなのか……。

社長の一挙手一投足を幹部も社員も見ています。

数字だけを見た安易な結論づけなんて、言語道断です。

一方で、数字は嘘をつかない。

現場を見て、現場の声を聴くことのできる社長だからこそ、数字と併せて、適切な原因究明ができるはずです。問題を特定し、粘り強く解決の糸口を探り行動する。その姿勢が、必ず事業を成功に導きます。

人手が足りない！は労働分配率を確認してみてや

「率」だけを見ていたら、本当の会社の状態はわからない

限界利益率、労働分配率と、続けて「率」について書いてきました。が……、率より、金額！　すみません。身もふたもない……。

いえいえ。いままでの話も、もちろん大切なん。**でも、率「だけ」見てたら、えらいめにあってしまうんやもん。**

少し、会計に詳しくなり出すと、どうしても「率」が気になるようにならはるんですよねぇ。

でも、これは「罠」です。率が気になるのは、成長の証拠。でも、罠には注意しましょ

う。

たとえば、こんな過ちを犯してしまいます。

仏具販売を行なっているB社の社長は、数字の勉強をしてきて、限界利益率の概念や、その大切さもだんだん理解できてきました。いままでは、目標って、売上目標だけだったのですが、今期は、限界利益率の目標も立ててみました。

粗利率目標（＝限界利益率目標）は、35％と設定しています。

損益計算書から計算すると、目標通り粗利率35％達成です！

利益率が大幅に改善しています。「やったぞ！」と机の下で、思わずガッツポーズ。

売上総利益（小売業なので＝限界利益）欄を見ると、２８００万円です。

あれ？

前期は、たしか３０００万円あったのに……。

これが、**「率」の罠**です。

今回、社長であるあなたは、利益率を改善するため、値上げを敢行しました。

いままで6500円で仕入れた商品を9500円で販売していたのですが、今期から1万円での販売に値上げしたのです。

今期の1個あたりの粗利＝1万円−6500円＝3500円（粗利率35％）
前期の1個あたりの粗利＝9500円−6500円＝3000円（粗利率31・57…％）

1個あたりの粗利金額や粗利率は伸びました。

しかし、売上は、単価×数量です。

のちにわかったのですが、値上げにより、ライバル企業との価格差が600円以上に広がり、想定以上の販売不振を招いたようです。

前期は1万個売れたのに、今期の販売数量は8000個にとどまりました。

今期の粗利＝3500円×8000個＝2800万円
前期の粗利＝3000円×1万個＝3000万円

これは残念ながら、戦略ミスだったかもしれません。
ただし、限界利益額は減ったものの、販売数が減ったことで、経費が減り（たとえば歩合家賃とか、配送する荷造り運賃とか）、営業利益は増加した。というなら、それはオッケーな場合もあります。

「率」だけではなく、本業での利益を表す、営業利益の「金額」まで見て、**「率」ではなく「金額」が増えているかをしっかりチェックする癖**をつけてくださいね。

「率」の罠にはまらんよう
「金額」も見なあかんえ

「率」で見る経費と「金額」で見る経費に分ける

損益計算書から赤字の原因をあぶり出すポイントも、ついに3つめ。「その他経費が多すぎる」問題です。「その他経費」とは、販売費及び一般管理費に記載されている勘定科目のうち、人件費以外の経費を指しています。この「その他経費が多すぎるかどうか」って、どうやって判断すると思います？

うんうん。さすがっ！　**そう。ポイントは「比べる」ですね！**

5期分の決算書をひっぱり出して見比べる。あるいは、同業他社と比べるっていうのが有効です。見るときのコツをお伝えします。

数がたくさんあるので、やみくもにすべてチェックするよりは、大きい金額のものから詳細に調べていくことをおすすめします。

損益計算書にある販売費及び一般管理費に書かれた勘定科目を上からつらーっと見ていって、金額の大きいもの5つくらいをピックアップして、比較するのがいいですね。

経費の内容を把握するには、総勘定元帳を見るとよくわかります。総勘定元帳は、決算書とともに税理士から渡された勘定科目の明細内容が書かれた帳面です。

そして、比較の仕方なのですが、**勘定科目によって、「率」で比較したほうが良いものと、「金額」で比較したほうが良いものがあります。**

まず、売上によって上下するようなものは、「率」で比べたほうが良いです。

業種にもよりますが、たとえば、ネット販売している会社の荷造運賃（発送料）は、売上がアップしたら金額が増えるし、売上が下がれば、金額は小さくなります。こうした経費は、「率」で見ます。

そして、これらの売上がアップすれば増える経費でも、対売上比率が大きくアップしていたら、しっかり原因追及すべきです。たとえば、前期と今期を比べて次のような数字だった場合は、なぜ荷造運賃の「率」がこんなに上がったのかの原因を追及します。

前期売上高1億円　→　今期売上高1億5000万円。
前期荷造運賃1000万円（対売上比10％）
→　今期荷造運賃2250万円（対売上比15％）

運送業者を変えた？　売上が上がったうち冷凍品の販売割合が増えて運賃コストが跳ね上がった？　など、2期間の総勘定元帳を見比べながら、考えてみてくださいね。

ほかにも広告宣伝費は、宣伝効果をはかるうえでも「率」で比較してみるのがいいでしょう。広告費をかけた割に売上に直結していないなど、問題点が浮き彫りになります。

一方で、**売上の増減に影響されないものは「金額」で比べたほうが良い**です。

これも時と場合によりますが、たとえば、消耗品。コピー用紙やオフィス機器などは、特殊な事情がない限り、売上の増減に影響されないはずです。それなのに、前期より大きく金額がアップしていた場合は、原因を追及すべきです。

もしかしたら、ちょっと気がゆるんで、あるいは、何かしらのオペレーションの問題で、思わぬ無駄があるかもしれません。

交際費も、「金額」で比べたほうが良いものの1つです。成約のお礼に一定率を渡すなどの場合は別として、飲み食いや、ゴルフなど、直結して売上の増減と関係することはないですものね（誤解はしないで。もちろん交際費をつかってはいけないわけではありません）。

交際、人との交流、ご縁って、とっても大切だもの。でも、勝って兜の緒を締める。**お金を使うべきとき、使う場所は、いまなのか、ここなのかを自問自答してください。**

会社のためにも、そして自分のためにも、流されるのではなく、どんなときでも、経費を自分の管理下における強い人になってくださいね。

率で見るべきものと
金額で見るべきものを間違えたらあかんえぇ

「高収益の目安」と「目標利益額」を設定する方法

みなさん、目標利益額は、どうやって設定していますか？

これ、なんとなく前期比１１０％とか、感覚的に目標設定している方も多いように感じます。そうなんです。意外に目標利益額を決めるというのは、難しい。
あと、「当社は高収益企業です！」って自信を持っていいきれますか？　いえる方も「高収益！」といいきる基準、根拠を持っていますか？

最初に、高収益といえる目安について考えます。

ひとつの目安として、師匠でもある経営コンサルタントの小宮一慶（かずよし）先生に教えていただいた指標をご紹介します。

限界利益額（≒売上総利益）の20％の営業利益を目標とする。という考え方です。式としては、次の計算式で、20％を目標としてください。

営業利益÷限界利益（≒売上総利益）×100％

あるいは、もう少しわかりやすい目安として、**経常利益率10％以上**も良い目標です。これは京セラ創業者の稲盛和夫さんがおっしゃっていた指標です。

こちらは式にすると、

経常利益÷売上高×100％

損益の面からだけ、営業利益や経常利益の目標設定を行なうなら、これらを参考にしてみてください。

では、ここからもう少し実務的な話に入ります。実際に経営をしていたら、利益だけでなく、お金の流れや資金繰りも当然考えなくてはなりません。

たとえば、1億円の借入金がある会社。1年間に2000万円の元本返済（金利は別）をしています。金利は、支払利息という勘定科目で営業外費用として損金（法人税額を計算するために元となる利益を計算するときに差し引ける経費のこと）になりますが、借入金の元本を返済したって、お金は出ていくけれど、損金になるわけではありません。

借入金返済に毎年2000万円必要なら、最終的に1年間で2000万円が手元に残らないと返済できないということ。

つまり、損益計算書に出てくる5つの利益の最終利益「当期純利益」が2000万円以上ないと、資金が足りないことになります。

なので、借入金返済のある会社は、年間の返済額がいくらになるかを計算して、その年間の返済額を当期純利益の目標額に設定するというのも実務的です。

ここまでで話を止めてもいいのですが、もう少し、会計知識のある人のために、**「簡易**

的な営業キャッシュフロー（CF）」という考え方をお伝えします。利益の額から、実際のお金の動きを把握する方法です。

営業CFとは、本来、1年間に本業で稼いだキャッシュがいくらだったかを示したものです。正式に計算するのはそれなりに煩雑なのですが、簡易的に営業CF金額を算定する方法があります。計算式は、

簡易的な営業CF＝当期純利益＋減価償却費

最終的な利益にお金の出ていかない経費である減価償却費の金額をプラスすることで、簡易に本業で稼いだキャッシュ額を算定できます。

これと、借入金返済の話を合わせて考えると、結局は、「簡易的な営業CFが借入金返済額以上」でないと、資金が回らないということになります。

また、あるいは、将来の投資のための必要資金を貯めるのにいくらの利益が必要かという考え方で目標設定する方法もあります。

たとえば、ライバルとの差別化を図るため、A機械を来期導入する！　A機械は

6000万円。借入で購入するものの3分の1は自己資金で賄いたい。と考えるなら、2000万円の税引き後利益は必要となります。

こんなのもあります。みんなの給与、ベースアップ5%は達成したい。そのためには総額1000万円の資金が必要。などなどです。

どちらにしても、お金を使う用途がある。使う用途こそ、戦略。そしてお金を使うことで未来が拓かれます。お金を使うためには、稼がなければなりません。必然的に目標とすべき利益が見えてきます。

目標は〝なんとなく〟やなくて計算で導き出す

第3章

銀行さんのお金もつこて、経営しなあきません

いつになっても
お金が
増えない
犯人を探せ！

お金を「借りる」のは、悪いこと？　危険なこと？

「ごめんやっしゃぁ。邪魔するでぇ」
「ま、萬田はん……」
「約束は、守ってもらわな困りまんなぁ。あんたの娘から取り立ててもええんでっせえ」
「萬田はん、あんたは鬼や！　悪人や！」

お金を「借りる＝返せない」となったら、漫画『ミナミの帝王』の萬田銀次郎もどきに地の果てまで追いかけられるのでは、と震え上がってしまうあなた。

大丈夫！　ミナミの帝王と銀行は根本的に違いますので！

通常、事業を行ない、事業資金を借りるなら、銀行系（銀行、信用金庫、信用組合）で融資を受ける。もしくは、いわゆるノンバンク（信販会社、消費者金融、リース会社など）との取引をします。

銀行系もノンバンクも金融庁の管轄下にあり、それぞれの法律の下で営業を行なっているため、萬田銀次郎のようなトイチ（「10日で1割」の利息がつく）のえぐい金利や、内臓を売らされるような取り立てはございません。

たしかに消費者金融では、2000年代前半まで、多重債務者への激しい取り立てなどが社会問題にもなっていました。が、2006年12月に貸金業法が改正され、現在では、当時のような激しい取り立てもなくなりました。

漫画『ミナミの帝王』のモデルは、いわゆる「ヤミ金」。金融庁の許可を受けていません。つまり、「借りたものを返すのは当たり前。回収のためやったら、地の果てまで」という、法律とは異なる次元での行動となっているわけです。

話がそれましたが、あなたは、「お金を借りる」という行為について、どんな印象を持っていますか？

もし、あなたが「お金が足りないときに、仕方なく借りる」「借入はできたらしたくない。嫌なもの」というマインドを持っていたとしたら、それが成長を遅らせている1つの要因（犯人）かもしれません。

事業家であるあなたは、「お金を借りること」に対するとらえ方を変える必要があります。

先ほど書いたように、銀行系にしてもノンバンクにしても、両者とも金融庁の管轄下にあり、両者とも国が認めている事業です。国が国民に害悪になるようなものを認めることはありません（タバコについては、不可思議に思えますが）。これらを活用することで、事業の成長を速めたり、より良い生活を行なったりすることを目的に存在しています。

第1章でお伝えしたように、会社は投資する（お金を使う）ことで、投資するからこそ、収益を上げ、成長することができます。投資なくして、成長なしです。

一方、投資するにはお金が必要です。その必要なお金をどこから調達するか？

これは、次の3択です。

①　資本家からお金を出資してもらうのか
②　自分の会社で稼いだお金を使うのか
③　誰かから借りるのか

中小企業にとって、①の見ず知らずのところから出資を受けるというのは、上場企業とは違って、難しいことのはず。ここで、③の「借りるのはイヤ！」と考えるなら、調達方法は、たった１つ。②の「稼いだお金」のみ。潤沢に資金が手元にできるまで投資しなかったら、当然、投資は遅れ、成長スピードも遅れます。

京都には、１９４５年に創業した世界シェア６割を誇る分析・計測機器メーカー、株式会社堀場製作所さんがあります。創業者である堀場雅夫さんは、やはり創業当時は資金繰りの面で金融機関からもいろいろいわれた経緯があり、無借金経営をモットーにされてきたそうです。

それでも創業者の息子さんであり3代目社長であった堀場厚さん（現会長兼グループCEO）は、借入金でのフランスの会社買収を決断されました。

フランスの買収先2社は当初、赤字で足を引っ張る存在でしたが、リーマン・ショックで主力事業が大幅な減収減益となったとき、会社を支える救世主となったとのことです。

社長就任時からの30年余りで売上高を6倍、営業利益を約19倍に伸ばされたのでした。目まぐるしく変化する社会情勢の中、常に時代の先を読み決断し、行動する。

そんな経営が、強い会社をつくるのでしょう。


「でも、でも……。もし、返せなくなったら、会社が潰れるかも⁉」

そんなふうに借入金を「危険なもの」と感じる人がいるかもしれません。

借入金は、怖いからイヤ。借入は絶対にしないという社長がいます。

でも、成長意欲は高く、会社を成長させるために、あんなことにも、こんなことにもお金を使いたいと考えているし、売上増加に合わせて、仕入れの数もどんどん増やします。

売掛金が入金されたら、すぐそばから、そのお金で仕入れたり、機械を買ったりで、資金はいつもカツカツ。売上は増えても、前より、資金繰りが苦しいような……。

これって、本当に借入するより、安全なことなのでしょうか？

もし、売掛金の回収が遅れたら？　万が一、主要取引先の売掛金が突然、回収できなくなったら？　災害で、2か月間工場が稼働できなくなったら？　為替の影響で突然、材料代が1・5倍になったら？

何が起こるかわからない世の中で、「借入に手を出したら終わり！」とギリギリでお金を回して、もしも不測の事態に見舞われたら!?「もう、どうにもこうにも立ちゆかない!!」というアップアップの場面で、いままで何の付き合いもなかった銀行に突然、泣きついたとして、銀行は、すぐに資金を貸してくれるのでしょうか？

借入金って本当に危険やと思います!?**「借入金は危険」って、ある意味正しいけど、正しくないときもあるんです。**

経営者は、多方面から物事をとらえることが大切です。「成長」という観点から見ても、「安全（絶対会社を潰さない！）」という観点から見ても、借入金は悪者ではありません。

借入金に対するとらえ方を変えるところから、強い会社づくりを始めましょう！

借入金を危険なものと
決めつけたらあかんえ

安全性は決算書の借入金の金額ではなく、「ネット借入金」を見る

突然ですが、「ネット借入金」って、なんだかわかりますか？　計算式でいうと、

ネット借入金＝有利子負債－手元資金

たとえば、借入金（有利子負債）が1億円、手元資金が2億円ある会社があるとします。計算式は、1億円－2億円＝▲1億円（▲はマイナスの数字を表すときに使います。決算書などの表記で使われることもあるので慣れていきましょう）。つまり、手元資金のほうが借入金額よりも大きい「実質無借金」の会社ということです。

借入金よりもたくさんの資金を持ってるし、その気になったら、いつでも返済できるから、へっちゃらです！ という状態です。

「ネット借入金が0またはマイナス＝実質無借金経営」。これは、「無借金経営」とは異なります。

無借金経営とは、文字通り、借入金（有利子負債）が0。まったく借入金がない経営のことです。有名どころでいえば、任天堂、ファナック、キーエンスといった会社は無借金経営です。

一方で、実質無借金経営とは、「手元資金が有利子負債より多い」状態にある会社のことです。少し古いデータではありますが、２０１８年６月26日の日経新聞には、上場会社の内、約６割が実質無借金だという記事がありました。

自社について見るとき、取引先や投資したい会社の数字を見るときでも、ただ借入金（有利子負債）の金額を見て、どうこう判断するのではなく、あくまで、有利子負債から手元資金額を差し引いたネット借入金の金額で、会社を見ることをお忘れなく。

世の中、何が起こるかわからない。手元資金のゆとりは、必須です。どんなときでも、潰れない会社、本当の安全を考えるなら、かたくなに借金を嫌がるよりも、「実質無借金」を目指すというのが、望ましい経営の在り方です。

無借金経営やなくて〝実質〟無借金経営を目指さなあかんえ

借入金は3種類に分類して考える

みなさん、借入金って、ひと言でいってもいろんな種類があるのをご存じですか？

通常の分類でいくと、まずは、**「短期」**と**「長期」**です。

ほかにもこんな分類もありますよ。**「手形貸付」**と**「証書貸付」**（これは、金融機関側の立場から見た言葉が一般的で「手形借入」という言葉は使いません）。通常、短期借入については手形貸付の方法をとられることが多く、長期になると証書貸付によるのが一般的です。

ほかにも**「当座貸越（とうざかしこし）」**という借入方法もあります。

違う切り口からは、**「保証協会保証付き融資」**と**「プロパー融資」**という分類もあります。

分類	借入の名称	内容
A	長期	借入期間が1年超
	短期	借入期間が1年以内
B	証書貸付	借入するほうが銀行あてに借入証書を提出して融資を受ける
	手形貸付	借入するほうが銀行あてに手形を振り出し、それを担保に融資を受ける
C	当座貸越	口座に資金残高がなくても、マイナスでお金を引き出すことで、あらかじめ決められた限度額までは自由にお金を借りたり返済したりできる借入方法
D	保証協会付き融資	借りる人が保証協会に保証料（保証してもらう保険料のようなもの）を支払い、万が一の貸倒れ時は、全額あるいは一部について保証協会が負担するため、銀行のリスクが軽減される借入方法
	プロパー融資	銀行がどこの保証も付けずに貸す方法。万が一、借りた人が返せなくなったら、銀行がすべて負担する

こんなふうに「借入金」とひと言でいっても、たくさんの種類があり、借入期間や金利も千差万別。

自社にとって、どんな借入方法で資金調達するかは、重要なファイナンス戦略なんですよ。

という前置きは、さておき。

今回、お伝えする借入金の分類方法は、「経営」の視点からの分類です。

経営の視点で借入金を考える場合は、資金調達の側面ではなく、調達した資金を何に使うのかという、「お金を使う」側から借入金を分類して考えることをおすすめします。

「お金を使う」側で分類すると、借入金は次の3種類に分類できます。

1　設備投資のための借入金
2　運転資金のための借入金
3　赤字補填のための借入金

1つめの**「設備投資のための借入金」**とは、設備取得などにお金を使うために借りる借入金です。

たとえば、工場建設のための土地の購入、工場の建設費用。あるいは、製造機械の購入やソフトウェアの導入費用、新店舗出店に伴う内装工事などに使うお金が必要なときにする借入です。こういった投資にお金を使う場合に必要なお金を借入する場合の借入金のことです。

2つめの**「運転資金のための借入金」**とは、運転資金に使うためにお金を借りるものです。この「運転資金」という考え方は、経営を左右するといっても過言ではない、とても大切な考え方なので、あとで詳しく説明します。

最後に**「赤字補填のための借入金」**。これは、赤字になる、赤字が続くことで、「お金が足りない！」という状況でやむを得ず、借入する借入金をさします。

この3つのうち、最初の2つ、設備投資のための借入金と運転資金のための借入金は、あとでも述べますが、成長スピードをアップさせる前向きな借入金。これらの借入金は恐れる必要はありません。一方で、3つめの赤字補填のための借入金だけは注意が必要です。借り方だけではなく、借りる、借りないの判断も細心の注意が必要となる借入金です。

借入は、やみくもに恐れるのではなく、前向きに検討し、それぞれの場合によって、借り方を工夫しましょう。

借入金は「お金を使う」視点で
分類して戦略を立てはったらいいですよ

経営判断に求められる
借りるべきお金の見極め方

設備投資をするには、お金が必要です。こんな場面。あなたなら、どうしますか？

以前から付き合いのある製造機械メーカー営業担当の田中さんが、ある日、最新鋭機械のパンフレットを持って、あなたのオフィスに現れました。

「社長！　A機械の改良版が来年の春に発売予定です。生産スピードが従来の1・5倍。しかも、タッチパネルでの簡単な操作に仕様変更したため、日本語が得意ではない外国人労働者さんでも、すぐに慣れるはず。使い勝手が格段によくなりました！」

田中さんは、こう続けます。

「実は、まだ、量産体制が整ってなくて、京都地域には、1台のみの導入予定です。日ごろお世話になっている社長に、どうしても初めにお知らせしたくて……。価格は、設置費用も含めて1000万円程度です。社長！　いかがでしょう？」

これを聞いたあなたは、この機械が欲しくてたまらない。それに、もし、うちが導入しなかったら、ライバル会社が導入することになるかもしれない。しかし、1000万円か……。まぁ、払えなくもない金額ではあるが……。さて、あなたならどうしますか？

A　「よし！　購入だ！」と鼻息荒く返事をし、手元にある資金1000万円で支払う。

B　「よし！　購入だ！」と鼻息荒く返事をし、銀行でお金を借りて支払う。

C　もう少しお金を貯めてから買う。（だって、手持ちのお金1000万円を使ったら、すっからかんになるんだもん。さすがに、怖い）

このような重要な経営判断が必要なときは、**ごちゃ混ぜにして考えず、頭を落ちつかせ、順を追って判断していく**必要があります。

1つめの判断は、この機械を買うか、買わないか。そう、**投資するかどうかの判断**です。そして、「投資する」と決めたならば、2つめの判断、**「時（タイミング）」**です。この機械以外にもほかにも投資が必要と思われる事案を並べ、相対的に比較して、優先順位の高さによって、「時」を判断、決定します。

最後に3つめの判断。いま、投資すると決めれば、**資金調達をどうするか**。つまり、手元の自己資金を使うのか、借りるのか、リースなのか。といった決定、判断が必要となります。

この事例では、1つめの投資判断は、A、B、Cともに、「投資する（＝買う）」ことは決定した前提で考えます（投資判断は割愛します）。2つめの「時」は、AとBは、優先順位が高く、「いまでしょ！」という判断を下しているのに対して、Cという決断は、優先順位が低いと判断しています。

経営判断、決断は、お金のあるなしから思考を始めるのではなく、投資すべきか否か、優先順位は高いのか低いのか、という観点で判断します。

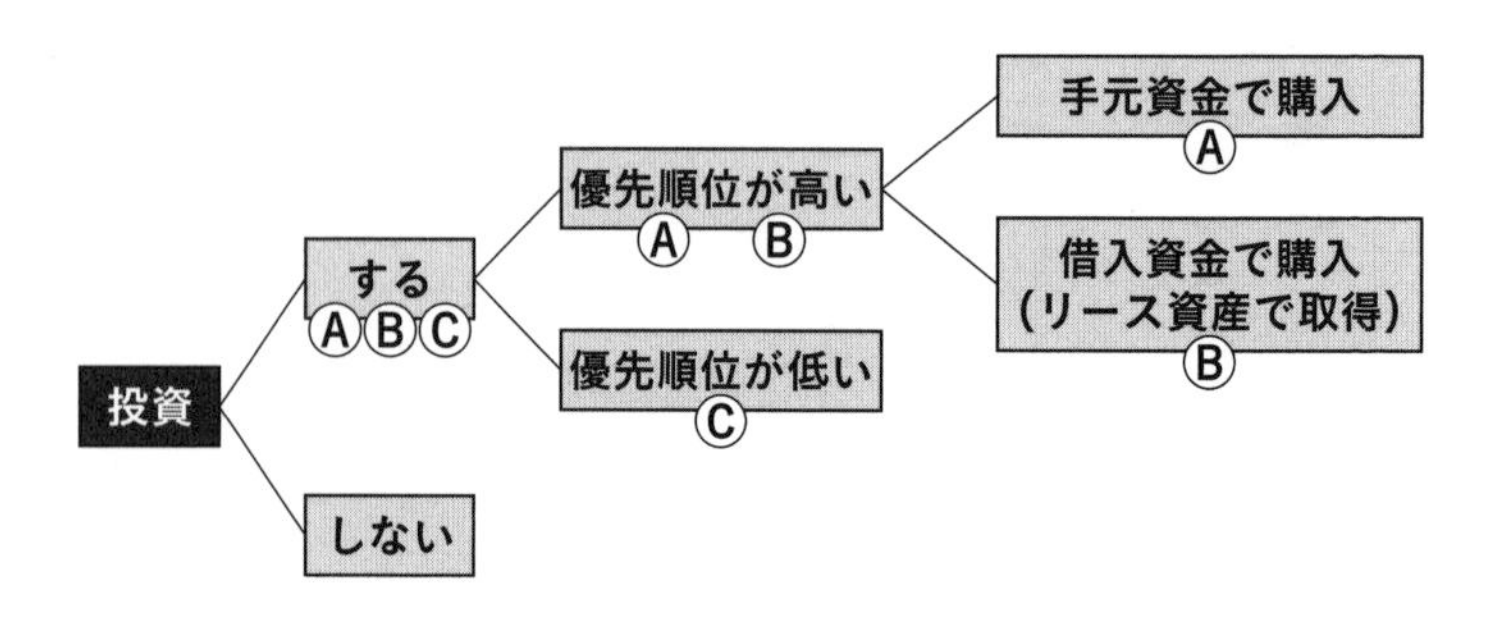

優先順位が高いと判断したら、最後3つめ。設備投資をするのに、Aの手元にある自己資金を使えばいいのか、Bの銀行で借りたほう（リースも含め）がいいのかという判断です。

どっちが正しい判断やと思います？

もちろん、詳しい財務状況などを見る必要はあるものの、今回の事例では、「B」を選択すべきでしょう。

理由は2つです。

1つは、ここで資金を使ってしまうと、ほとんど手元資金がなくなってしまうこと。そしてもう1つは、同じ借入するのでも、設備投資の借入は、有利な条件で借りやすいからです。1つずつ説明します。

まず、手元資金の観点から説明します。

ところで、手元に残しておきたい資金の目安をご存じですか？

商売の種類や、個人の感覚によって、差はあるものの、1つの目安として、月商（月の売上高）の2か月分のお金は手元に残す！　でしたね。

たとえば、毎月の売上高が１０００万円の会社なら、常に手元には、２０００万円を下回らないよう置いておくという意味です。

手元に置いておくべき資金額の「適正値を表す指標」を会計用語でいうと、第１章でも登場した「手元流動性（てもとりゅうどうせい）」です。計算式は、次の通りです。

手元流動性（か月）＝（現金預金＋すぐに資金化できる金額）÷（売上高÷12）

手元流動性の目安は２か月以上です。設備投資にお金が必要な場合は、まずは、これを目安に手元資金を使ってもいいのかどうかを考えます。「設備投資するのに、手元のお金を使っちゃったら、月商の２か月分もお金が残らない〜」というのであれば、まずは、手元資金で支払うという選択肢はなくなるわけです。

でも、たとえ「２か月分は残るよー」という場合であっても、次のことも併せて考えてみる必要があります。

・新しい機械を導入すれば、社員を増やす必要があるかな。
・生産能力も上がるのだから、もう少し、売上を伸ばすために、広告宣伝にもお金をかける必要があるんじゃないか。

そうなんです。設備投資をすると、すぐあとに、採用や、広告のお金が必要になりそうな予感が。

お金がとっても潤沢にあるのなら話は別ですが、なんとか今回の投資は手元流動性の基準も確保できるけど、次の採用や広告宣伝にお金をつかったら、基準が満たせないかも!?という場合は、あとで、採用や広告宣伝時にお金が足りないから借入をするよりも、設備投資時に先に借入するようにしましょう。

これはBを選択する2つめの理由、設備投資の借入のほうが有利な条件で借りやすいからです。設備投資に必要な資金は、借入でまかなうことをおすすめします。

設備投資の場合、借入期間は、購入する資産の耐用年数（機械を使い続けられる年数）を意識した借入になるため、返済期間が7年～10年程度と長くなります。それに対し、資金用途を**運転資金として借入した場合は、通常、返済期間は5年程度と短く**なります。返済期間が長いほど、毎月の返済金額は小さくなるため、資金にゆとりが生まれます。

たとえば1000万円を運転資金で借入して、返済期間が5年の場合、年間の返済額は、200万円、月の返済額は16万6000円です（ここでは金利は考慮しません）。一方、同じく1000万円を設備投資で借入して、返済期間が10年の場合、1年間の返済金額は100万円、月の返済額は8万3000円となります。

つまり、借入期間5年であれば、機械を導入したことにより、初年度から最低でも200万円の資金を生み出す必要がありますが、期間10年で借りているなら、まずは、年間100万円を生み出せたなら、返済資金を生み出せることになります。

機械などの購入は、商品を仕入れてすぐ売って現金に変えられるといった類のものではなく、資金に変わるまで（機械を使って、製品を製造し、販売し、売却資金を回収するまで）は、通常、一定期間の時間が必要です。その代わり、製造機械は、売ってしまったら終わりではなく、何度でも使え、機械によって5年、7年、10年と使い続けられるわけです。

そんな特性を考えても、**長い期間での融資を受けたほうが資金繰りでは優位**になります。

しかも、金融機関が持つ心象も違います。

設備投資後で、採用や広告にかけるお金が足りないからといって（「お金が足りない」がことさら強調されてしまいがち）、借入を申し込むのと、前向きな設備投資のためにお金が必要として、借入するのでは、意味が違うわけです。

もちろん、財務内容が無茶苦茶で、すでに資金にアップアップしている最中に、設備投資資金といって申し込んだところで、赤字補填と疑われたり、そもそも、「いま、投資よりも財務状況を安定させることが先決でしょ！」とか銀行からいわれたりしそうです。

でも、そうではない場合、経験上、多くの場合、設備投資をするときは、自己資金よりも、銀行借入資金を利用したほうが、成長スピードを高めるチャンスとなります。

投資せなあかん設備は借入金で買って
成長スピードを上げなあかんぇ

運転資金分の借入は、返さなくてもいい!?

突然ですが、みなさん。借入金って好きですか?

「そんなやつ、おらへんやろぉ～(大木こだま・ひびきさん風。わかるかなぁ……)」

というツッコミが聞こえそうですが、借入金好きって、一定数いるんですよねぇ。というか、「借りてしまえば俺の金」という感じかもしれません。

経験値や慣れ、性格とかいろいろあるとは思うのですが、借入金好きは、一定数います。

そんな人がいる一方で、「とにかく早く返したい!!」という借入金大嫌い派も一定数います。

で、借入金大嫌い派は、スキあらば借入金を返そうとします。

でも、ちょっと待ってください。そんな、慌てんと……。

借入金って、ほんまに「早く返すにこしたことない」って思います？

この章の最初に、借入金を3つに分類しました。ここでは、2つめの運転資金のための借入金について、考えてみましょう。

そもそも、運転資金って何かわかりますか？　これ、誤解されやすいので、金融機関も使う「運転資金」という言葉の定義を確認しておきます。

運転資金とは、会社が事業を行なうために必要な資金のことです。

で、計算式は次の通りです。


運転資金額＝売掛債権＋棚卸資産（在庫）－買掛債務

で計算できます（またまた漢字だらけ・涙）。
決算書や試算表の貸借対照表を見て、ぜひ、実際の金額を計算してみてくださいね！
実際の数字で見てみましょう
次の貸借対照表から、運転資金額を計算すると、

貸借対照表

（単位：千円）

B/S			
流動資産合計		流動負債合計	
現金預金	20,000	支払手形	2,000
受取手形	3,000	買掛金	8,000
売掛金	10,000		
商品	20,000		
		固定負債合計	
		長期借入金	40,000
固定資産合計			
機械設備	7,000	純資産合計	
		資本金	10,000
繰延資産	0		
資産合計	60,000	負債・純資産合計	60,000

運転資金額＝３００万円＋１０００万円＋２０００万円－（２００万円＋８００万円）
＝２３００万円

つまり、この会社、この事業形態で商売をしていると、毎月２３００万円は、持ち出し資金が必要ってこと。

もう少し具体的な状況を入れて説明します。

調味料を仕入れて、飲食業のお客さまに販売しているA社があるとします。A社は、お客さまから急に配達を頼まれることがあるので、常に一定数の在庫を店に置いておく必要があります。

仕入れは、20日締めの翌月20日払い。売掛

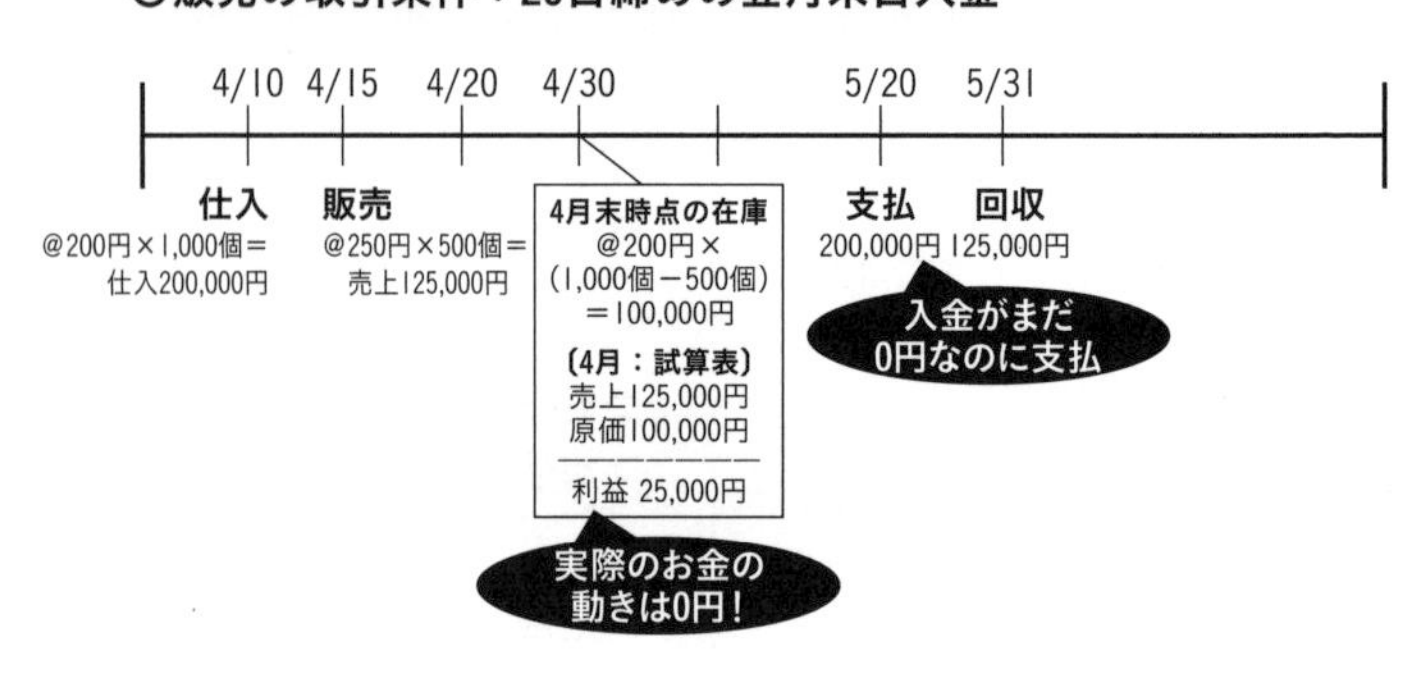

金は同じく20日締めで請求書を出すけれど、お客さまからの要望で、支払日は、翌月の末日となっています。商売をしていると、このようなケースは多いですよね。

A社にしたら、お客さまの急な配達に対応するために在庫分の仕入れも必要だし、仕入れてから、売るわけだから、仕入れ資金の支払いが先に発生する。しかも売れたって、すぐにお金が入るわけではなく、入金は、翌月の末日。どうしても、先に支払わなきゃいけないお金が多くなります。

これが必要運転資金というものです。

自社に運転資金額として、いくら必要なのかは、最初に示した計算式で求められるのです。

この運転資金額は、通常、売上が大きくなればなるほど増えていきます。
そのため、売上が右肩上がりに伸びているときは、運転資金額がどんどん大きくなっていくので、資金繰りが苦しくなるという特徴があります。売上がアップし、利益も順調に伸びているはずなのに、なんだか、お金が足りない!! という現象になるのです。
まず、していただきたいことは、毎月、税理士から試算表を渡されたら、とにかく、先述の計算式に当てはめて、自社の必要運転資金額を計算してください。
毎月把握し、**必要運転資金が大きくなっていく局面では、必ず金融機関に運転資金の資金応援を依頼する**のが鉄則です。

この種の借入申し込みは、いたって前向きな資金であるため、まず、銀行に断られることはないはず。
ただし、理由を把握することなく、「資金が足りなくて……」なんて、借入を依頼してしまうと、ちゃんとわかっていない銀行担当者にあたれば、本部に「資金不足に伴う融資依頼」とか報告されてしまい、スムーズな借入ができない、あるいは借入条件が悪くなる、なんて事態にもなってしまいます。

くれぐれも、自社の運転資金額は把握し、適切に資金を用意するようにしてください。

そして、これは、事業を行なううえで、必ず必要な資金です。

無理に返す必要はまったくありません。

事業を伸ばす、成長軌道に乗っている局面なら、借りっぱなしでノープロブレム。


では、借りっぱなしにするには、どんな借入方法が良いでしょうか？

私はできれば、**当座貸越**をおすすめします。

これは、先述もしましたが、金融機関とあらかじめ決めた金額までは、自由に借りたり、返したりできる借入方法です。具体的には、当座口座をつくり、必要あれば、口座に資金が無くても、マイナス表記されて、限度額まで資金を引き出すことができます。

仕入れ資金等にゆとりが生まれ、商売がやりやすくなります。

銀行との関係性で、いきなり当座貸越枠をつくってもらうことは難しいかもしれません が、信用を築きつつ、粘り強く、貸越枠の依頼をしてみてください。

自社の運転資金額をちゃんと把握して〝当座貸越で借りっぱなし〟を使わんとね！

雪だるま式に増える借金を防げ！

これからホンマにホンマに大事なこといいますし、ちゃんと聞いてくださいね。

私は、リーマンショック後の数年間、企業再生のお手伝いをする機会が多くありました。

企業再生のお手伝いとは、要するに、何らかの事情で資金繰りが苦しくなった企業が、もう一度輝くまでの「再生計画」を経営者さんとともに作成し、計画が実現可能であることの証明をしながら、金融機関に納得してもらい、再生するまでの資金援助の合意を得るといった仕事です。

ところで、この再生計画を立てるにあたり、最初にすべきことは何だと思いますか？

それは、調査なんです。専門用語でいうと、**財務ＤＤ**（デューデリジェンス）と**事業ＤＤ**。

何を調査するかというと、まずは、現状把握です。

① **この会社がなんで、こんなに資金繰りに困るようになったのか（再生の現場では、「窮境原因（きゅうきょうげんいん）」と呼んでいます）**

② **この会社、ホントに再生できるの⁉　再生計画の実現可能性が、とても大事！**

③ **この会社、ホントに再生する必要があるの？**

これは、外部的な視点で見た、すごく厳しい視点です。

この会社を苦労して再生させるより、いま、清算して債権者や株主に分配したほうが、社会にとっていいのではないか、本当に再生させることが社会にとってプラスになるのかを判断されます。


これらの3点を財務の面から、事業の面から調査します。

いわゆるＤＤ（銀行の人とか専門家は、ディディとか、デューデリとか呼んでいます）

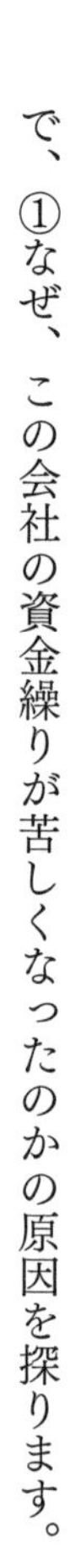

で、①なぜ、この会社の資金繰りが苦しくなったのかの原因を探ります。

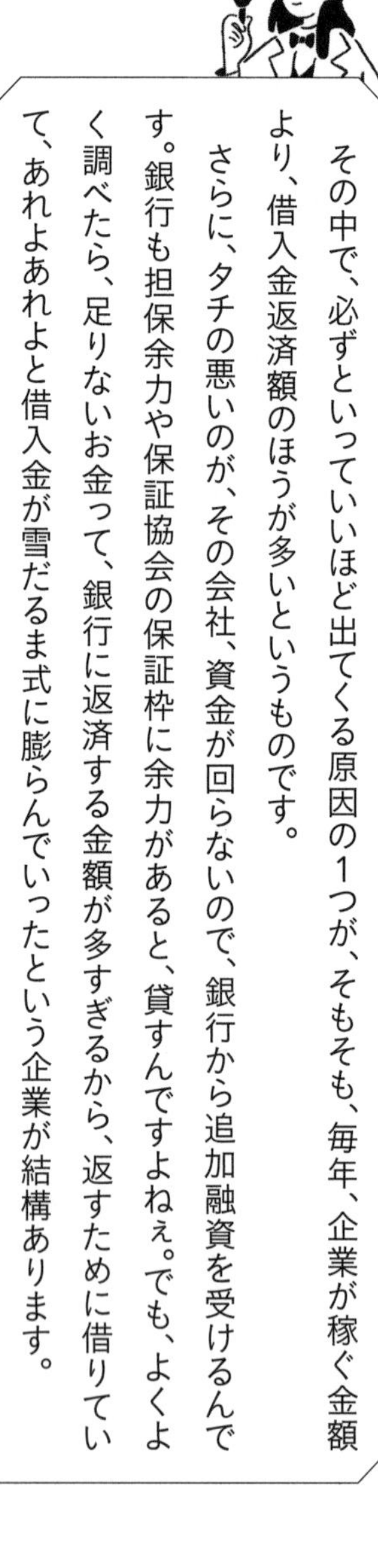

その中で、必ずといっていいほど出てくる原因の1つが、そもそも、毎年、企業が稼ぐ金額より、借入金返済額のほうが多いというものです。

さらに、タチの悪いのが、その会社、資金が回らないので、銀行から追加融資を受けるんです。銀行も担保余力や保証協会の保証枠に余力があると、貸すんですよねぇ。でも、よくよく調べたら、足りないお金って、銀行に返済する金額が多すぎるから、返すために借りていて、あれよあれよと借入金が雪だるま式に膨らんでいったという企業が結構あります。

本来、借入金での資金調達は、他人のお金を利用して、「てこの原理」で成長スピードを速める技であるはずなのに、これでは逆に利用されていることになります（金融機関もそんなつもりではないのに）。

借入金には3種類あるとお伝えしました。

1　設備投資のための借入金

2　運転資金のための借入金

3　赤字補塡のための借入金

1と2は、前向きな借入金。でも、3は注意。雪だるまになりかねません。

お金を借りるときは、「これは○○に使うためのお金の借入金っ！」って自分で、ちゃんと、把握しておいてくださいね。そして、前述したように「返済額が営業CF以下」になっているかの確認が必要です。もしも、営業CFを超える返済額となっているなら、立ち止まって対策を考える必要があります。

もちろん、営業CFを増やせれば一番いいのですが、すぐすぐには厳しい場合、安易に借入金に頼ると、雪だるま式に借入金が膨らみます。

安易に借入するのは危険です。銀行がお金を貸してくれる間、つまり、**担保（保証）余力がある間に、事業計画をねり、営業CFを増やす計画を示す**ことが先決です。そして、金融機関に協力を依頼します。

どんな協力を依頼するかというと、たとえば、年間の営業CF額が500万円なのに、年間の借入返済額が1000万円ある会社の場合。返済額を生み出せる500万円以内になるように、3年間だけは、返済の条件を変更してもらうよう依頼するとか、あるいは、

1年のみ据え置き（元本返済をしない）を依頼。あるいは、借入金を抜本的に長期に組み換えをし、毎月の返済額を引き下げるといったことも考えられます。

とにかく、**年間返済額を「生み出せるキャッシュ500万円以下」にする方策**を金融機関に協力依頼するのです。

まっとうな金融機関、特に地銀や信用金庫は地元企業を応援する体制にあります。ドラマに出てくる萬田銀次郎とはまったく違います。自社の数字をしっかり把握し、論理的に説明すれば多くの場合、金融機関も協力に応じてくれるはずです。

結果的に利用されている状態を回避し、うまくお金を使える体制をつくってくださいね。

お金を借りる理由は
明確に理解しておかなあかんえ

したたかに他人のお金を利用して、成長スピードをアップさせる

突然ですが、「パラダイム・シフト」という言葉を聞いたことはありますか？

パラダイム・シフトとは、いままで「当たり前」と考えられていた価値観や考え方が大きく変化することです。

そう、過去をさかのぼれば、天動説から地動説へみたいな感じ。そりゃ、当時の人の気持ちになれば、地球が動いているっていわれても、実際の生活感覚からしたら、「そんなアホな」ですよね。

いまは、そんな「天動説から地動説へ」くらい、「お金」に対するパラダイム・シフトが必要な時代です。

日本銀行（以下、日銀）のホームページによると、昭和40年（1965年）と令和5年（2023年）を比較すると、モノの値段はおおよそ2・5倍になったことがわかります。「物価が上がる＝お金の価値が下がる」ということです（インフレーションといいます）。そのため、モノの値段が2・5倍ということは、お金の価値は、もともとの4割にまで価値が下がったということです。恐ろしいですね。

1965年に2000万円で買うことができた家が、2023年には5000万円払わないと買えないイメージです。年金の2000万円問題とかありましたが、必死に2000万円貯めても、自分が引退するころには、2000万円の価値がいまと同じとは限らないってことですね。

そして、これまで、デフレーションという、「モノの値段が下がる＝お金の価値が上がる」時代もありますが、長期的に見れば、物価は上昇するものです。こんな大事なことを時代の流れに身を任すだけって、どんだけリスクやねんっ！　って思いませんか⁉

ただただ、いまの価値基準で必死にお金を貯めたって、実は長期的には、安心材料とはならないのです。

と考えると、企業であれば、**時代ごとの価値に見合う金額の利益を生み出せる体制をつく**

ることのほうが、お金を貯めることよりも、断然、安全です。

利益を生み出すには、投資、運用が必要でした。そして投資、運用には、お金が必要。そうなんです。繰り返しになりますが、利益を得るには、お金を使う必要があるのです。

ここで質問です！

利益を生み出すために使わなければならないお金は、自分が持っているお金、自分が稼いだお金でないと、ダメなのでしょうか？　それはどうして？

もうお気づきの方もいるかもしれませんが、利益を得るために使うお金は、自分で稼いだお金のみ！　なんてルール、どこにもありません。そもそも、株式会社は、その昔、広く資金を集めるためにできたものです。

商品やサービスを世の中に売ったら、喜んで買う人がいっぱいいます。アイデアを持っている人が少しでも早く世の中に、商品、サービスを提供したら、世のため、人のためとなるのです。

でも、そんな創造性と行動力を持った人が、その事業を行なうのに十分な資金を蓄えているとは限りません。もちろん、小さくやって少し稼いで、その資金で投資して、徐々に大きくも可能だけど、時間がかかります。

であれば、株式会社という組織で、広く他人からも資金を集め、その資金を使って事業を行ない、配当として、資金協力してくれた株主たちに還元したり、アイデアはないけれど、資金で事業家を応援して、結果的に配当で利益を得たり……。そんなマッチングサービスの仕組みが株式会社です。

上場していなかったら、なかなか他人から広く資金を集めることができなかったとしても、金融機関を通じて、投資や運用に必要な資金を手に入れることはできますよね！

これが、銀行借入を間接金融という所以(ゆえん)です（銀行が預金者からお金を集め、そのお金を必要な企業に貸し出す）。

こんなふうに、社会はお金を回して、社会全体として、より良い社会するために「らせん階段」を上るようなイメージで少しずつ上に登っていくものです。

これぞ資本主義！

借入をやみくもに「悪」ととらえない。お金を貯めることを一概に「善」ととらえない。
お金を使うためには、お金が必要。でも、そのお金は自分で稼いだお金しかあかんって、決まってましたっけ!?
お金を貯めるために、お金を稼ぐ。そんな考えが、30年間、日本の成長を止めた1つの要因になっているのかもしれません。

お金は使うものです。お金を正しく使って、成長する。
そのお金は、自分で稼いだお金にこだわる必要なんてない。
したたかに他人のお金も利用すればよい。
お金に対するパラダイム・シフト。いまこそ、大切な時代ですね!

自分で稼いだお金以外も上手につこて成長するん

「借りる」か「借りない」かの3つの基準

先ほどは、借りることをやみくもに「悪」ととらえないで、と書きました。
でも、でも……。**借りれるだけ借りたらええっちゅうもんでもないんです。**
「どっちやねん！」というツッコミ、恐れ入ります。
会計だけじゃなく、世の中、そんな白黒どっちかで、答えを出せるようなものは、意外とないものです。知識と智慧と第六感⁉　絶妙なバランスで判断していくのが、経営の醍醐味です。

ところで、ここから急に、まじめな会計の話です。会計の視点から、「正直、いくらまでやったら、借りていいん？」という基準をお伝えします。

これも、ホントはいろいろな切り口があり、いろいろな角度（財務指標を見て）から、借りるべきか借りないべきかを判断する必要があります。とはいえ、一度にたくさんの視点で考えても頭がこんがらがるので、私が大切だと思う3つに絞ってお伝えします。

1　返せるかどうかの視点

「お金を借りて、もしも返せなくなったら……」。そうなんです。そんな不安がやっぱり少なからずあると思います。そのため、まずは返せるかどうかを数字を使って判断できる指標をお伝えします。これは、上の計算式で判断できます。

ネット借入金 ≦ 営業CF × 7

借入金 － 現金預金

いきなり、ややこしい計算式ですよね。すみません。言葉で示すと、**ネット借入金（借入金－現金預金）の金額が、営業CFの7倍以内**かってこと。

まずは決算書や試算表を見て、自社の計算をしてみてください。

でも、まだ、ややこしいですよね。もう少しかみくだいて、計算式が何を表しているかを説明しますね。

営業CFとは、1年間、会社を経営していて本業で稼ぎ出すお金の額でしたね。ということで、この計算式が何を表しているかというと、「いまある借入金は、7年以内には、返済できるのかな?」というのを確認する式です(ちなみに、営業CFは、簡易的には、P115でお伝えした通り当期純利益+減価償却費で計算できます)。

なぜ、7年かというと、たいてい、運転資金の借入期間は5年間。設備投資資金の融資は10年での借入が多い。それらを考えると、7年以内に返せる程度の借入金残高なら、返済に無理は生じないけれども、それを超える借入金額があると、返済するための資金がない!という事態に陥りやすいということです。

安全性を考えると借入金は、営業CFの7倍以内がベターなのですが、もう少し大目に見たとしても、10倍以内が限界と覚えてください。

10倍というのは、事業再生計画を立てたときに、金融機関が金融支援(事業を再生させるための応援融資や借入金の組み換え)に応じてくれるかどうかの判断基準値でもありま

年間の付加価値額 ≧ ネット借入金

= 売上総利益

す。

たとえ、応援したい気持ちはあっても、借入金額が営業CFの10倍を超える、つまり、10年かけても返済が終わらないというのでは、実現可能性が低いとみられます。つまり、借入を返済できない可能性が高いと金融機関は判断するということです。**「借入金額が営業CFの10倍以内」**という基準は、1つの大きな目安と考えてください。

借りていいかどうか、1つめの視点は、稼ぎ出す営業CFとネット借入金のバランスで判断する方法です。

2　付加価値額と借入金金額のバランス

2つめは収益から借入金額が適正かの視点です。計算式では上のバランスであることが必要です。

小売りや卸の販売業であれば、付加価値額を売上総利益に読み替えてOKです。

決算書や試算表を見れば、すぐに確認できるので、ぜひ、借入をする際の判断基準に加えてください。

以上2点は、稼ぐ力と借入金を比較して、返せるのかどうかという視点で、借りていいいかを判断するという指標です。最後の3つめは、まったく別の視点です。

現金預金 ÷ 月商 ≧ 1.7〜2か月

3　安全性を確保するために借入するべきか

これは、手元流動性という指標を用います。

手元流動性とは、先述したように、月商の何か月分くらいの現預金を持っているか、でしたね！　安全性の指標を計算式で書くと、上のようになります。

手元に置いておくべき資金は、月の売上の1・7〜2か月分。その金額が、もし手元になかったら、借入してでも、手元資金を増やすべきです。

会社は赤字でも潰れないけれど、手元資金がなくなると、負債を返済できなくなって潰れるから。応急処置ではあるけれど、とにかく絶対、会社を潰さない！　というなら、手元資金が月商の1・7か月分を切るなら、とにかく、他の指標はさておき、借入の手はずを整え、借りてでも、手元資金を増やすという経営判断が必要となります。

でも、これはあくまでも、急場しのぎ。

もし、稼ぐ力と借入金額の指標から、「借りすぎ！」と判断されるのであれば、借りた後に、抜本的に事業を見直し、経営改善計画を立てることは必須です。

お金を借りるか借りないかは
数字の視点が大切なん

自分の性格を理解して、他人のお金を利用する

他人のお金を利用する方法としては、出資を受ける、金融機関から借りる、取引先のお金を使うなどいろいろありますが、この章では特に金融機関からの借入にフォーカスしてお話しししています。

先ほどは、会計の視点から見た「借りるべきか」「借りないべきか」の指標をお伝えしました。

でも、実際の経営で、そんな数字だけから見て判断していたら、えらいめにあいます。

「会社の数字のプロ」を売りにする私がいうのもなんですが……。

どういうことかというと、経営者の性格も千差万別だからです。手元資金がボトムでカ

ツカツでも、〝お金が回っていれば、問題なし〟と投資に資金をガンガン使う経営者もいれば、資金が減ってくると、心配で、使うお金を早めに制御する経営者もいます。

ここで知っていただきたいことは2つです。「資金のボトム」と意外に大切な「自分の感覚」の両方の把握です。

1　資金のボトム

同じ会社のお金でも、毎日、決まった金額が手元にあるわけではありません。1か月の間でも、預金残高は、増えたり減ったりします。

で、資金のボトムとは、1か月の間でも、会社に一番資金が少なくなる日のことです。

みなさん、自社の資金のボトムがいつごろかというのは、わかりますか？

会社によって異なるものの、**ボトムになるのが多いのが、25日ごろです。そう、給料日です。**経費の中でも大きな負担となるのが人件費。その支払日である給料日は、たいていの会社で資金がボトムになっています。

その後、月末の売掛金回収などでまた増えていくというケースが多いようです（一度、預金口座の動きを確認して、毎月何日ごろが、残高最小になるか見てみてくださいね！）。

1か月の中でも変動があり、季節変動のある会社なら、月によっても、資金の残高には大きな差があります。

たとえば、浴衣の販売をしている会社は、浴衣が売れる夏前、仕入れがかさむ冬から春にかけて、資金がボトムになります。

で、その資金がボトムになるとき、実際問題、自分はいくらまでだったら、精神的な負担なく過ごせるのかを把握しておくというのが意外に大切なんです。

その自分の感覚と、手元流動性の適正値を一度冷静に比較してみてほしいです。

たとえば、月の売上が1000万円の会社があったとします。手元に置いておくべき資金の適正金額は、1700万円以上。そう。会計的な視点から見たら、預金残高には、最低でも、1700万円～2000万円は欲しいわけです。

2　自分の感覚

いったん会計の視点は無視して、手元の預金残高について自分の感覚はどうですか？

通帳を見ていて、３０００万円はないと、ちょっと焦る。

それとも、ボトムで８００万円あったら、次からお金が増えることもわかっているからまったく焦らない。

どうでしょう？

３０００万円ないと焦るタイプの人は、自分がそういうタイプなんだと認識しておいてください。自分で自分のことを把握しておくって、結構大切なんですよ。

自分は、焦っているけど、慎重派だから焦っているのだと冷静に分析できるのと、ただ焦るのでは大違いですから。

逆に、８００万円の残高でも焦っていない人もいます。そんな人も、自分がそんな人というのは認識しておいてくださいね。

焦ってないけれど、実はやばいのかもと気をつけるのと、まったく気に留めないのではえらい違いですから。

数字だけでもダメ。感覚だけでもダメ。
第六感⁉　野生の勘⁉　経験値⁉
どれも大切！

そのうえで、自分の性格を補正するために、数字を意思決定の要素にうまく加える技術を身につければ、判断や決断の質がグンとアップしますしね！

自分の感覚を数字で補正しつつ
意思決定しはるといいですよ

メインバンクとサブバンクは明確に区別する

「メインバンク」って、何かわかりますか？

自社が取引している金融機関は、たくさんあったとしても、「主として取引」している金融機関のことです。

あ、でも、別に、何らかの契約、「メインバンク契約」とかが、あるわけではなく、なんとなく、企業側も金融機関側も「メインバンク」と認識しているイメージです。

注意していただきたいのが、「主として取引」の取引とは、借入のことです。預金が多額にあるとかではなく、**借入金額の大きさで、メインバンクかどうかを判断**します。

借入が1つの金融機関からだけなら、当然、そこがメインバンクとなるわけですが、会社によっては、何行からも借入がある場合があります。借入金額に歴然とした差があるのなら、多額の借入がある金融機関がメインバンクです。それ以外の金融機関をサブバンクと区別できます。

しかし、会社によっては、同じような金額を取引している会社も見受けられます。

人間の心情として、「万が一、A銀行から借りられなくなったら困るから、B銀行とも取引をしておこう」というのは理解できます。

そして、社長はこんなふうに考えます。

「資金に困るいざというとき、どっちかから借りられるようにA銀行とB銀行で、できる限り差がつかないように、どっちもの顔を立てて、同じくらいの金額を借りておこう」

これって、万が一のリスクヘッジに有効な対策だと思いますか?

実は、ここが落とし穴なんです。

もちろん、業績が良いときは、A銀行もB銀行も資金を貸したくて、2行とも積極的です。でも、業績が落ち込んでくると、しれーっと離れ気味です。

A銀行担当者は、「うちが無理して貸さなくても、B銀行がなんとかするだろう」と考え、B銀行も同じように「A銀行がなんとかするだろう」となりがちです。

でも、メインバンクがA銀行と明確に周知の事実となっていれば、話は別なんです。

メインバンクとしてのプライドというのもあります。メガバンクは少し違うのですが、地方銀行や信用金庫などは、地域経済を支えることがそもそもの目的である金融機関です。銀行として、メインバンクとして、支援する企業を倒産に追い込むというのは、目的に反すること。

つまり、メインバンクである以上、できる限り企業を潰したくない。いま、企業の状況が追加融資をするような業績になくとも、メインバンクのプライドとして、企業を信じて、追加融資を、あるいはそれが無理でも、返済を一時的にストップするなどして、何とか、企業を潰さないで済む方法を考えるわけです。

でも、メインバンクとサブバンクが明確でない場合は、メインバンクの擦り合い状態になってしまいます。「うちは、メインじゃないし、融資は、B銀行さんに頼まはったら、よろしいやん」ということが起こります。

非常時に備えて、平常時に、2行をライバルとして争わせていたつもりが、逆効果になりがちです。

メインバンクとサブバンクは、明確に区別し、日ごろから、メインバンクには、「あなた方がメインバンクです」という自覚をしてもらい、他の金融機関とは差をつけて、メインバンクとしての特別の信頼関係を築くことが大切です。

銀行さんとの信頼関係は必要やで

京都老舗企業からの教え

銀行員の自尊心をくすぐり、本来の役割に目覚めさせる方法

「晴れた日には傘を差し出し、雨が降ったら傘を取り上げる」

だから銀行なんて、信じたらダメ。しょせん、貸す側と借りる側。油断は命取り。

半沢直樹のお父さんのような状態は、いまは、ドラマだけの世界かもしれません。

一方で、「油断は命取り」は、ある面では真実だと考えています。

それは、銀行員も、プロとして真剣にお金を貸しているから。預金者から預かった大切なお金を、お金を必要とする企業のために仲介する。

やみくもに、どこかれそこかれ経営者の言葉を鵜呑みにし、表面上の数字を見て、簡単に融資する。そんな銀行員ではダメ。必ず返済、回収できるのかをプロの目で、しっかりと見定め、融資の決定を行ないます。

融資というのは、プロとプロの真剣勝負。借りる側も貸す側にも油断なんて、もっての
ほかです。
ただし、敵ではない。ここが面白いところです。真剣勝負ができる、切磋琢磨お互いに
磨き合える、よきライバルであり、よきパートナーであることが銀行員との最高の関係性
と考えています。
具体的には、自社担当の銀行員を見定めることが大切です。そのためには、自分もある
程度の金融であったり、会計であったりの知識を持っておくことが重要です。そして、見
定めて、この人はパートナーとして、信頼できると思ったら、信じること。
自分から心を開いてみてください。
経営者によっては、すべてを明かしたら危険だからと、真実を隠したり、良い一部分し
かオープンにしなかったりする人がいます。
でも、それはダメです。
すべての情報がなく、一部の情報だけで本当に適切な融資提案なんて、できるわけがな
いのです。
自分が疑っている間は、相手も自分を疑っている。人間というのはそんなもの。だから、

自分が疑って、資料を出し渋っている間は、銀行員も提案を出し渋る。動きがどうしても遅くなる。自社担当の銀行員に、「あなたは、自社のパートナー」だと信じていることを伝えましょう。

そう、何度もいうように会社は、投資、運用するためにお金を使わない限りは、成長はありません。使うお金は、自社で稼いだお金も使えますが、銀行から調達した資金であっても、同じように使えるのです。

資金調達は、お金の「入り」の部分で、協力者ができれば鬼に金棒です。経営者であるあなたは、「何にお金を使うべきか」の「出」に大きく力の配分を向けられます。

銀行員にしてほしいことは、金融のプロとして、自社の現状に合った資金調達の手段、借り換えの提案です。

経営者である自分は、その事業のプロ。銀行員は金融のプロ。

「プロとプロがタッグを組んで、一緒にこの事業を成長させる!」という共通の目標を抱かせることが大切です。その目標はもちろん、あなたにとっても、銀行員にとっても、益のある目標です。

京都には、そんな土壌があります。

いまでこそ、世界に名だたる企業である、京セラ、オムロン、ローム、任天堂といった企業は、どれも創業者がゼロから育てたベンチャー企業です。

先般、「地銀・信金・信組の益出し余力ランキング」（週刊ダイヤモンド2024年1月27日号）で全国ナンバーワンとなったのが、京都銀行です。

ナンバーワンとなった理由は、前述の京セラ、オムロン、ローム、任天堂といった企業（ほかにも、もっとありますが）が、まだベンチャー企業だった時代に行なってきた支援が、いま、花開いているからです。

銀行に油断してはいけません。任せっきり、いうがままなんて、もってのほかです。でも、敵ではない。経営のパートナーです。

目標は、同じ。自社の成長、発展があなたの成功であり、銀行員の成功です。

銀行員に求める役割をしっかり伝えるとともに、自社の夢を語り、未来を語り、同じ目標に向かうパートナーである意識づけをしっかりつくっていきましょうね。

第4章

取引先のお金を利用して、経営しなあかんえ

右肩上がり
なのにお金が
足りない
犯人を探せ！

右肩上がりなのに、「お金が足りない」という社長の悲鳴

X社さんの社長室に入ると、社長が何やら経理担当者を激しい口調で問いただしています。

「そんなはず、あらへんやろ！！！　ここ数か月の売上は、ずっと前期比130%やで!!　なんでお金が足りんねんっ！！！」

どうにも納得できない社長の剣幕に押されながら、「そ、それは、わかっています。しかし、実際、今月末に支払う下請けへの支払いが少し、足りないもので……」と、しどろもどろに説明を繰り返す経理担当者。

顧問税理士の私が来たことに気づいた社長は、「やってられんわ」といわんばかりの表

情を浮かべつつ、「わかった。もうええわ。下がり」とひと言。

経理担当者は、これ幸いとそそくさと社長室から出ていきます。

社長に「どうされました？」と聞くと、

「今月末、金が足らんていいよるねん！　売上がこんだけ増えて、さらに毎月、毎月上がっとるのに、足りんてどういうことやねん！」

どうにもこうにも納得いかない怒りのようです。


売上は右肩上がりに増えている。なのに、下請けさんに支払うお金が足りない。

これって、どういうことでしょう？

みなさん、社長になったつもりで、理由を考えてみてください。


こんなときこそ、落ちついて。

いったん、「やってられんわ！」という怒りを脇に置き、理由を冷静に分析します。

売上は増えているのに、お金が足りない理由。

いくつか考えられます。

最初にチェックすべきは、**粗利もちゃんと増えているのかどうか**、です。

売上は増えているが、粗利益は増えていないといったパターンが存在します。

たとえば、いままで600円で仕入れたA商品を、1000円で月に1000個売っていたとします。

売上高は、1000円×1000個＝100万円。

売上総利益（粗利）＝（1000－600）×1000個＝40万円です。

でも、ライバルも出てきたし、もっと売上を伸ばしたくて、売値を800円に値下げしました。読み通り、割安感のあるA商品が、飛ぶように売れ出しました！

いままでは月に1000個しか売れていなかったのに、今月は、1600個も売れました！

売上高は、800円×1600個＝128万円（売上高128％にアップ！）

売上総利益（粗利）＝（800－600）×1600個＝32万円

あれ？

売上はこんなに増えたのに、粗利は、前月よりも8万円減ってしまいました。

こんなときは、当然、売上が上がっていてもお金が増えるはずありません。

これは、一目瞭然に納得できます。

さらに注意が必要なんです。

単純に粗利が減った分だけの損失ではなく、実際は思っている以上に、お金を減らす要素が隠されています。


たとえば、発送料（運賃）。いままで1000個納品する、あるいは1000個仕入れるのにかけていた運賃が、1600個分になるので当然、荷造運賃といった経費は増える。

さらに、梱包や発送作業にかけていた人手も1000個分から1600個分に負担が増す。

人が増えるから、給与だけでなく、旅費交通費（通勤費）や法定福利費（社会保険料）、消耗品費（パソコン、コピーその他もろもろ）といった経費も増える……。

売上＝単価×数量

この式から販売数量を増やして売上を増やすこともできますが、数量増加による売上増加って、何かと費用がかかるもの。だから**販売数量を増やして売上をアップさせるときは、十分に粗利も増えているかのチェックはとっても大切**です。

そちらを理解したうえで「利益を落としてでも、シェアをとる！」という戦略だと良いかもしれませんが、そうでなければ、売上が増加したのに粗利がむしろ減少してしまっては、本末転倒です。

「売上が上がっているのに、お金が足りない！」に陥る理由は、ほかにもこんなものがあります。

次の例は、X社が陥っていた事例です。

X社の試算表を見ると、売上も粗利もちゃんとアップしています。

社長は、怒りも冷めやらぬまま、「バカにすんな」といわんばかりに、「当たり前や！　新規のお得意さんとも大口契約できたけど、しっかり粗利確保できとるわ！」とのこと。

売上も粗利も増えているのに、お金が増えない⁉　なぜでしょうか？

社長の言葉にヒントが隠されています。

そう、新規のお得意さん。

すぐに試算表、貸借対照表の売掛金残高を見てみると、いつもの月よりも金額が3倍くらいになっています！


「社長、その新規のお得意さんとの取引条件って、どんな内容ですか？　従来からのお客さまとの取引条件と同じですか？」

私は社長にたずねました。

「いや。取引条件は厳しい。従来のお客さんは、『末締めの翌月末回収』で取引してるけど、このご新規さんは、大手上場企業やから、相手の取引条件に合わさなあかんにゃ。えーと、たしか、『20日締めの翌々月末回収』やわ。そやけど、上場企業やから、貸倒れの心配はないし、安心やで」とのこと。

「社長、資金が足らへん理由は、このご新規さんですね。ここ2カ月売上が急激にアップしてますけど、入金がまだですもん。でも、下請けさんには、先にお金を支払わないとあかんし」

そうなんです。お得意先との取引条件が、資金繰りに悪影響を与えた事例です。

売上が増えても
お金が増えるとは限らへんしね

小規模企業を脱却するために、取引先のお金を利用する

小規模企業を脱却する！

そう。売上アップ（もちろん利益も！）し、事業規模を拡大して小規模企業を脱却するには、売上を右肩上がりにし続ける体制を築けるかどうかが、１つの肝になってきます。

売上金額が大きくなるにつれ、毎月必要になるお金の金額も大きくなります。

たとえば、毎月の売上が１００万円の会社と、毎月の売上が1億円の会社では、毎月、仕入れに必要となるお金の金額が違います。

また、月商１００万円の会社と1億円の会社とでは、おそらく社員の人数も違うから、毎月支払うお給料額も異なります。

そんなふうに規模が大きくなるということは、入ってくるお金も増えますが、出ていくお金も増えます。毎月、扱うお金の金額が拡大していくわけです。

ここで、小規模企業を脱却できるかどうかの1つの分かれ目がきます。

A　売上が増える（＝入ってくるお金が増える）

B　使うお金が増える（＝出ていくお金が増える）

利益まで考えた経営をしていれば、AがBより大きくなり、長期的には、お金は増えていくし、企業規模も拡大していく構図になります。

ただし、先ほどのX社のように、売上資金の回収が遅いと、数か月間はAの入ってくるお金以上にBの出ていくお金が大きくなる可能性もある。

この時、あなたの選択は3パターンとなります。

1　仕入れは、売上資金が回収されるまで待つ。売上の伸びは遅れるが、とにかく無理をせず、手元資金で払える程度の支出に抑える（手元のお金のみを使う）

2　前章にあるように金融機関に協力を依頼し、借入した資金も使って、使えるお金を増やす（金融機関のお金を使う）

3　取引先のお金を使う！

1の自分のお金だけ使う方法だと、成長がどうしても遅れてしまいます。2は、成長スピードは1よりも上がりますが、金利というコストがかかります。

そこで今回ご紹介する技が、3の「取引先のお金を使う！」。これによりコストをかけずに使えるお金を増やし、成長スピードをアップすることができるのです！

具体的な事例でお話しします。これは、大型製造機械を受注しているY社さんの実際の事例をちょっとだけ加工したものです。

Y社さんがお客さまから受注する製造機械の単価は、約2000万円程度が主流です。注文を受けて契約。契約後、実際に製作して納品するまでの期間は、おおよそ半年。納品後に請求して、お客さまから売上代金が振り込まれるのは、さらにその1か月後。つまり、契約から7か月たたないと1円も入金されないわけです。

このY社さん、創業当時に受注していた機械は、単価100万円程度、受注から納品まで1か月以内で納まるような簡易な製品が主流でした。ありがたいことに、年月とともに信用を重ね、受注単価も上がるし、納品する機械の台数もどんどん増えています。売上も利益も右肩上がりです。

でも、お金はカツカツ。材料の仕入れ、外注先への支払い、工場人員への給料など、どうしても先行して支払うお金が増えていきます。

足りないお金は、毎回、金融機関にお願いして借入をしていました。

損益計算書上は、売上も利益も伸びているし、数か月後には入金が予定されているから、Y社の依頼があれば、金融機関もすぐに融資してくれます。金融機関は、いつでもお金を貸してくれるものと、社長もすっかり安心していました。

そんななか、Y社が長年取り組んできた営業施策が実り、いままで以上の大口案件を受注してきたときのことです。Y社の社員は、大口案件に沸き立っています。製造のために必要な材料を事前に確保しようと、いつものように社長が金融機関にさらっと融資を依頼すると、まさかの金融機関が融資を断ったのです！

「は？　何いってんにゃ。もう、受注契約して、すぐにでも材料確保しなあかんのや！

いままで、『材料仕入れの融資はいつでもいうてくださいいうてくださいいうてたやないか！！』

「社長、も、申し訳ありません。ちょっと、本部から、会社規模、担保価値に比べて貸付過大やといわれてまして……」

「何をいまさらいうとんねんっ！！！」

と怒りで声が震える社長。

でも、人間万事塞翁が馬です。

この一件が、Y社の飛躍につながるなんて。

そのときは知る由もありませんでした。

会社存続をかけた緊急事態です。大口受注は決まっている。いまさら断れば多額の違約金の可能性、信用を失う可能性があります。

もちろん、大きな営業のチャンスであり、逃したくもない。でも、どうしたって、お金が足りない。どうやって、多額になる材料を仕入れたらいいのか、外注先への支払いも毎月、必要になるのに……。

どうしたら……と考えると、胸が痛くなる。頭から湯気が出るくらい、寝ても覚めても考えて、社長が出した決断はこうでした。

① お客さまからの売上回収方法を変更

従来、完成時の一括回収でしたが、「着手金」「中間金」「決済金」と3回に分けて回収するよう変更しました。

② 材料仕入れの支払い条件を変更

従来は、商品を仕入れた直後に支払っていましたが、大量に安定購入することを約束したうえで、支払い方法は、最終製品の回収条件に合わせるよう変更しました。つまり、「着手金」が入ったときに材料代の総額の一部を、「中間金」入金時に一部を、最後「決済金」時に残りの額を支払うというように、順次回収後に支払う体制とするように取引先に協力を依頼したのです。

これって、文章で書いたら簡単なことかもしれないけれど、実際に現場に携わっている方だったら、どんなに大変なことであるか、イメージができるはず。

まずは得意先への説得。前例と異なり、相手が不利になる契約を通すため、下手をしたら受注自体が吹っ飛ぶ可能性だってあります。

取引先への交渉だってそう。材料仕入れ資金を3段階に払うという相手が不利になる条件です。「もう、売らない」といわれたら、いっかんの終わりです。これを何とか納得いただくべく交渉するものの、言うは易し、行うは難しです。

それでも社長が粘り強く、やり遂げたことで、いまでは、この取引条件が、会社での標準的な取引条件となり浸透しています。

つまり、Y社は、自己資金いらずで、仕入れる方法を編み出したことで、資金繰りの心配なく、ドンドン売上を伸ばす体制をつくったのでした。

あきらめたらダメ。根気強く、粘り強く
取引先のお金も使うん

銀行が必ず見ている
あなたの会社の「必要運転資金額」

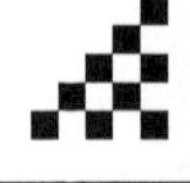

ここでは、銀行が必ず見ている「必要運転資金額」についてお伝えします。必要運転資金額の計算式は、第3章で説明しましたね！　復習です！

必要運転資金額＝売掛債権＋在庫金額－買掛債務

借入している、もしくは借入する金融機関からは、決算書や試算表の提出を求められるはずです。金融機関は決算書や試算表から右の計算式にあてはめ、あなたの会社の必要運転資金額はいくらなのかを計算していきます。

銀行は、この必要運転資金額の推移をチェックしているわけです。

具体的な話で見てみましょう。

3月決算、5月に無事に申告を終えました。6月に入ると、いつものように銀行の担当者から「社長、決算書のコピーをいただきたいのですが……」と電話があります。決算書を受け取った銀行の担当者は、銀行に戻ると、直近期の決算書の数字を自社システムに入力。そして、1年前にもらっていた決算書の数字と見比べます。そう、必要運転資金額も。必要運転資金額を1年前と比べてみると、約5000万円増えていることに気づきました。さて、必要運転資金額が増えるのは、どんな場合が考えられますか？

理由は次の4つのどれか、もしくはその組み合わせです。

① 売上が増加した
② お得意先との取引条件が悪化した（回収までの期間が伸びた）
③ 取引先（仕入・外注先）との取引条件が悪化した（支払いが早まった）
④ 在庫が増えた

今回の事例で4つの理由を考えてみましょう。必要運転資金額は5000万円増えていましたよね。

①の場合は、とやかくいわれることはありません。必要運転資金額が増えたとしても銀行は前向きにとらえます。①の場合かどうかを確認するのは、次の手順です。

まず決算書の売上高から1か月あたりの売上高を計算し、2期分を比較します。1か月の売上高が1億円から1億5000万円に増えていたとすると、1・5倍です。

次に、同じように2期分の決算書から、売掛金残高、在庫残高、買掛金残高を比較します。この結果も、売上高の増加と同じく、おおよそ1・5倍だった場合は、取引条件に変化があったのではなく、純粋に売上増加に伴って、必要運転資金額が増えたのだということがわかり、納得します。

問題は、②、③、④の場合です。

売上が十分増えていないのに、必要運転資金額のみが増えている状態です。

売上は前期並みなのに、売掛金だけが突出して増えている、在庫だけが突出して増えている、なんて場合は、銀行は粉飾決算の可能性も含めて、神経質にヒアリングしながら、理由を解明しようとするはずです。

たとえば、実際は回収不能となった売掛金が売掛金残高に含まれていないかとか、もう売れない不良在庫が在庫金額に混じっていないか、などです。

たまたま決算月の3月に売上額が大きくなった、あるいは4月納品が多くあったため、3月決算時点の在庫金額はたまたま多額に計上されたなどの理由の説明がつくならいいのですが、そうではない場合は、経営の視点でも原因の追及は必須です。

必要運転資金の金額には、良い増加と悪い増加があるん

ビジネスモデルを組み立て、資金いらずで経営する

ビジネスは、利益を上げることはもちろん大切。でも、ちゃんとお金を回すことは、もっと大切です。

なんといっても、会社は赤字でも潰れないからです。会社が潰れるのは、お金がなくて、負債を返せなくなったときです。

だから、ビジネスモデルを考えるときは、利益のことだけを考えていてはダメなのです。**ビジネスモデルとは、モノ（サービス）とお金の流れを構造化したもの**です。潰れない会社、成長し続ける会社をつくるときに描くビジネスモデルでは、「時間の概念」を加える

ことがポイントです。自社の商売を構造化して描くことで、自分自身の頭の中が整理されるので、ぜひ、実際に手を動かして図にしてみてください。

「時間の概念」とは、お金の出入りのタイムラグも加えます。

これは、「必要運転資金」のことなんです。

何度もお伝えしましたが、必要運転資金額を数式で書いたら、

必要運転資金額（X）＝売掛債権（A）＋在庫金額（B）－買掛債務（C）

でしたね。

実際の商売でイメージしてみましょう。

次のページの表では、取引の内容ごとに「損益」と「お金の流れ」を別々に書いていきます。順を追って確認してみてください。

3月〜4月、2か月間の損益とお金の動き

（単位：円）

日付	取引内容	損益	お金
3月1日	単価5000円の工具を1000個仕入れ、500万円をその場で現金で支払った。		▲5,000,000
3月2日〜3月31日	売価6000円で工具800個を掛けで販売した。（3月末在庫は、200個）		0
3月の損益とお金の動き	売上高（6000円×800個）	4,800,000	
	売上原価（5000円×800個）	▲4,000,000	
	3月の損益、お金の増減	800,000	▲5,000,000
4月1日	単価5000円の工具をさらに1000個仕入れ、500万円を現金で支払った。		▲5,000,000
4月2日〜4月30日	売価6000円で工具300個を掛けで販売した。（4月末在庫は、900個）		0
4月30日	3月に売った分の売掛金480万円が入金された。		4,800,000
4月の損益とお金の動き	売上高（6000円×300個）	1,800,000	
	売上原価（5000円×300個）	▲1,500,000	
	4月の損益、お金の増減	300,000	▲200,000
3月〜4月 2か月間の損益とお金の増減		1,100,000	▲5,200,000

初めての入金は4月30日となるので、4月29日までの入金は0円。3月1日〜4月29日まで売上があるにもかかわらず、お金の入りは0円です。

ビジネスモデルに時間の概念を加えることで、このビジネスモデルでやっている限り、利益は出るけれど、常に先行してお金が必要なのでよっぽど資金をもってないと、常にカツカツになることがわかります。売上が増えてもお金が増えないビジネスモデルであることがわかります。

では、お金を減らさず、売上を増やす、利益を増やせるビジネスモデルというのはどのようなものでしょう？　これは、必要運転資金額の計算式を見れば、答えがわかります。

必要運転資金額（X）＝売掛債権（A）＋在庫金額（B）－買掛債務（C）

そう、AとBをちっちゃくして、Cを大きくしはったら、Xをちっちやくできるんです。

Aを小さくするには、どうしたらいいでしょう。

販売時、現金で、商品と引き換えにその場で回収する。あるいは、前受金として、一部分だけでも先にもらう。資金繰りではとても助かります。

要は、**回収と支払いのバランスの問題**です。

売り上げた商品代金の回収が、仕入れた商品の支払い日よりも1日でも早かったら、仕入れ資金の支払いに困ることはありません。

もちろんB在庫の問題もあるので、どうしても、先行してお金が出ていきがちなのですが……。

B在庫を減らす工夫としては、手元資金が少ない創業期は、たとえば利益額は少なくても委託販売で、売れた分だけの仕入れになるようにし、売上入金の後で、仕入れ代金を支払うなど、時の概念を加えたビジネスモデルを考えるとよいでしょう。

材料仕入れでも、安くなるからといってまとめて買うよりは、資金力が弱い間は、少々利益率が低くなっても、必要な分だけを仕入れる仕組みをつくったほうが、お金をうまく回し、機動的にビジネスを展開できます。

またCを大きくするために、少し信用がつけば、仕入れ業者に値段の交渉だけでなく、取引条件の交渉を忘れないことです。

創業期、信用のない時は、その場で現金払いは仕方がなかったかもしれないけれど、3か月継続すれば、まずは、半月毎に支払う、そして落ちつけば、売掛に合わせて、月末締めの翌月末払いにしてもらう。いや、本当は翌々月5日払いが理想です。

売掛金の回収が買掛金の支払いよりも5日早いだけで、売上を伸ばすときには、本当に助かります。

たかが5日と侮るなかれです。

ぜひ、時の概念を加えたビジネスモデルを組み立ててくださいね。

お金の出入りを確認するんやったら
時の概念も考えて

新規の取引先とは
最初の取引条件がとても大事

繰り返しになりますが、必要運転資金額を少なくして、「お金いらず」で商売する仕組みは、成長し続けるために、本当に大切です。

それはわかっているけれど、いままで取引をしているお客さまや仕入れ業者さんに対して、突然、取引条件を変えるというのは、実際問題、なかなか難しい。

しかも、「相手が不利になるように取引条件を変えるなんて、厳しい〜〜っ！」というのが、予想できますよね。

だから、**最初が肝心なんです！！**

ご新規さんと取引するときこそ、取引条件を改善するチャンス。

「時」の概念を学んだあなたは、このチャンスを逃してはいけません。

せっせと営業に足を運んでいたお客さまが、ついに契約くださりそう！

思わず、気が焦りますよね。

わかります。

捕らぬ狸（たぬき）のなんとやら、で頭の中で素早く計算をするあなた。

「@1万円で契約できたら、月に200個は出荷するだろうから、売上は月200万円か。

仕入単価は、7000円程度だろうし、粗利が月に60万円はいけるな。年間720万円か。

悪くないな」

利益は十分確保できそう。契約成立まで、あと一歩です。

にやつく顔を抑え、さらりと、

「当社の取引条件は、月末締めの翌月末回収となっています。よろしいですか？」

というと、お得意先の社長もサラッとひと言。

「うちは月末忙しいから、支払いは翌々月月初の5日に決めてるねん。ええやろ」

こ、これは……⁉

いままでのあなたなら、売上契約を一刻も早く取りたくて、気が焦り、「5日くらい、ま、いいか」と「承知しました！」と即答していたかもしれません。

でも、ダメ。ダメです。

この「ま、いいか」の積み重ねで、回収が遅れる先が増えれば増えるほど、資金が多額に必要となる、成長しにくい会社にまっしぐらです。

ご新規の契約のときこそ、はやる気持ちを抑え、冷静に、粘りましょう。

「申し訳ございません。当社で取引条件のルールがございまして……」とか、「もし、月末がお忙しいということであれば、20日締めの20日回収にさせていただきましょうか？」などと、粘りましょう。

営業手腕は、利益確保だけではない。取引条件までも含めてが営業手腕。

この積み重ねが、会社の成長スピードを変えるのです。

ご新規の仕入先、外注先なら逆パターン。

できるだけ、回収よりも後に支払う取引条件を考えましょう。

たとえば、A社に納品する商品は、B社から仕入れる商品がほとんど。というなら、A社とB社の取引条件を2つ併せて考えます。

B社の支払いが後にくるように工夫します。

新規のときなら、仕入先も外注先も仕事が増えることがうれしいですし、基本的には、こちらの取引条件を呑んでもらいやすいです。

取引条件を途中で変えるのは、本当に困難です。

だから、最初の取引条件がめちゃくちゃ大事。

はやる気持ちを抑え、取引条件まで大事に契約してくださいね。

取引条件の決定も営業さんの大切なお仕事

焦ったらあかんえ

怪しまれないように、シレっと取引条件を変える方法

成長し続ける会社をつくるためには、資金いらずで、商売を広げることができるビジネスモデルにする必要がある。つまり、できるだけ、必要運転資金額を小さくするビジネスモデルをつくりたいわけです。

とはいえ、前の節でも書きましたが、新規の取引先なら、最初から取引条件を決められますが、既存の取引先の取引条件を途中で変えるのはとても大変。なぜなら、下手をすると信用不安とか、あらぬ噂を立てられる危険もあるからです。

たとえば、「いままで、60日サイトの支払手形（振出日から決済日【実際にお金が口座から引き落とされる日】までが60日間）で払っていたのを、１２０日サイトの支払手形

に変えてほしい」なんていおうものなら、業界内でたちまちこんな噂が広がる恐れも!?

「○○会社は、手形のサイト延ばしてきたらしい。なんか、資金繰りが苦しいらしいで。

取引は気をつけたほうがえぇで」。ほかにも、

「買掛や支払手形の残高が増えないように、出荷量に制限をかけられ、必要量の商品を仕入れられない」

「手形そのものをお断り」

「下手したら前金でないと、出荷できひん」

とかいわれる可能性もあります（実際ありました）。

お得意先との条件交渉は、「お客さまなので、慎重に慎重に……」と意識して対応できる人も多いのですが、仕入先だと、こちらが購入している側なので、若干、横着になりがち。注意が必要です。

でも、売るモノが手に入らなければ、商売は成り立たない。外注先に仕事を受けてもらわないと成り立たない。そう、売り先も仕入先も外注先も同じように慎重に大切に考えるのがポイントです。

では、怪しまれず、シレっと取引条件を変えるにはどうしたらよいでしょう？

いくつかパターンはありますが、いままでの経験上、自然に受け入れてもらいやすいのは、**5日～10日程度で支払い日を後にずらす方法**です。

たとえば、次のような取引条件を決めている会社があるとします。

売上：15日締めの翌月20日回収
仕入：15日締めの翌月15日支払い

20日に売上代金が入金される前に、15日に仕入代金の支払いがあるため、15日時点には、1か月分の仕入れ代金分のお金がないと支払えないこととなります。

そこで、取引先にこんな風に案内文を送るのです。

「弊社は事務の簡略化に伴い、従来、15日締め翌月15日払いとしていた取引先様についても、15日締め翌月20日払いに統一することとなりました。云々……」

で、仕入れ担当者にもこのように伝えさせます。

「いままで、支払日が15日の会社や20日の会社やら混在していたので、効率化のため、一律20日に変更させていただきました」

支払日を5日程度後ろにずらすのであれば、あらぬ噂は立たないでしょう。正当な理由と受け入れられやすいです。また20日というのも合意の得やすいポイントかもしれません。なぜなら、**給料日が25日という会社が多い**からです。つまり、25日は資金が多く必要な会社がほとんどで、この日までに入金があるなら、相手の会社の資金繰り上も比較的、合意を得やすいともいえます。

相手によっては、「15日払いを25日払いに変更する」といっても、合意を得られると思います。経験上、月内10日までの支払日を延ばすのであれば、比較的自然に受け入れられているように感じます。**たとえ、5日、10日でも、売上資金が先に回収でき、仕入れ資金を後で支払えたら、より大きな商いができます。**

「これは売れ筋商品だ！」とピンときたら、いままでは、月に100万円分仕入れていた商品でも、先に売上代金が手元に入ってくるんだから、仕入を150万円分、200万円分と自分の身銭を切ることなく、素早く、多く仕入れることが可能となります。

ほかには、こんな「シレっ」とした変更の方法もあります。

たとえば、A商店から仕入れる商品Xを、主にC会社とD会社に販売しているケースです。各社とのそれぞれの取引条件は下記の通りです。

A商店との取引条件は、20日締めの翌月20日払い。
C会社との取引条件は、20日締めの翌月20日回収。
D会社との取引条件は、20日締めの翌月25日回収。

こんな場合は、先ほどお伝えしたように、A商店への支払日を25日か30日に後ろへ回すことを考える。でも、もし、それが無理っぽかったら、こんな方法もあります。

「支払日ではなく、締め日をシレっと変える」です。

A商店にこんなふうにお願いしてみます。

「当社内経理の効率化取り組みの一環で、取引条件を締め日から支払日まで35日を基本とすることとなりました。よって、本来なら、20日締め、翌月25日支払いとさせていただきたいところですが、御社にもご事情がおありでしょうし、締めを『15日締め』と5日早め、支払いは、いままで通りの『翌月20日支払い』とさせていただこうと思いますが、いかがでしょう?」

締め日を5日~10日短縮することも、継続して取引している会社であれば、比較的受け入れてもらいやすい提案です。

売上がドンドン伸びている段階では、締め日を前にずらすことでも、資金繰りの改善につながります。

取引条件は、調整したら会社にお金をつくれますしね!

京都老舗企業からの教え

京都のお茶屋に学ぶ、絶対、貸し倒れしない技

まず、最初に、「お茶屋」といっても、お抹茶やお煎茶を売っている店のことではありません！

京都で「お茶屋」といえば、アレ。

サスペンス劇場に出てくる、舞妓さんや芸妓さんが華やかにいらっしゃるところです。

京都には、祇園甲部、祇園東、宮川町、先斗町、上七軒といった5つの花街があります。

そのため祇園界隈では、普通に舞妓さん、芸妓さんと遭遇できます。

京都で育った私は、祇園で商売をされているお客さまや友人がいたり、中学時代には、舞妓さん修行中の同級生がいたりしました。当社の法人設立パーティには、芸舞妓さんに来てもらいました。

こんなふうに京都に住む私たちにとって、花街はけっこう身近な存在です。

この花街が、ビジネス的視点で見ると、めちゃくちゃすごい！！！　ということに大人になって、この職業につくまで気づかなかったのです（ビジネス的視点以外でも本当はめちゃくちゃすごいところが満載です）。

その中でも、ここでは、「恐るべし　絶対、貸し倒れしない！　お茶屋さんの仕組み」をお伝えします。

まず、最初に。

お茶屋さんは、何をしているかというと、「場」の提供です。

誤解しやすいのですが、お茶屋さんは料亭とは違い、料理を提供しません。また、芸舞妓さんを雇っているわけでもありません（芸舞妓さんが籍を置くのは、置屋（おきや）と呼ぶところです）。

ざっくりいま風にいうと、料理や芸舞妓さんの派遣などは、すべて自前ではなく、外注で賄っているわけです。

じゃあ、お茶屋さんは、何をしているかというと、お客さまの用途に合わせた最高の空間（お座敷）や時間を提供して、対価をいただいています。

京都人が「いけず」とか「排他的」とか思われがちな理由の1つに、「一見さんお断り」というルールがあります。花街では、なじみのお客さまからの紹介でなかったら、利用できませんよ、というものです。

これは、別に偉そうぶったり、よそ者を排除するとか、そういう嫌味なことが目的ではありません。そうではなくて、「お客さま第一！」の現れなんです。

お茶屋のお母さん（経営者をそう呼びます）は、お客さまを本当に大切にしています。だから、お客さま本人はもちろん、「お客さまが連れて来られるお客さま」を喜ばせる場、時間にするために、全身全霊でプロデュースします。

また、なじみのお客さまからの紹介であれば、受け入れもします。

だって、お客さまがお茶屋さんに連れてくる人、紹介する人って、お客さまが大切にされている方で、大切な人の大切な人を大切にすることが、お客さまを喜ばせることにつながるからです。

最高の時間と場にするためには、お客さまのことをよく知る必要があります。お客さまの好み、利用される背景、どんな関係性で、この時間がどんな時間になれば、喜ばれるのか……などなど。だからこそ、パッと入ってくる、情報のない、いわゆる「一見さん」を受け入れることはできないのです。おもてなしのクオリティを維持できないため。
それもこれも、お客さまを喜ばせたいから。

喜ばし、喜ばれ、さらに喜ばす関係性を時とともに積み重ねることで、ただのお客さまとお店の人なんて関係じゃなく、パートナーのような信頼関係が築けるのです。
お茶屋の経営者のことを親しみを込め「お母さん」と呼ぶ習慣も、そんな関係性を築く一助になっているように感じます。

さて、話を戻します。
「恐るべし　絶対、貸し倒れしない！　お茶屋さんの仕組み」です。

実は、お茶屋さんへの支払いは、すべて〝掛け〟なんです。その場では、お金の話はいっさいなし、現金もクレジットカードも見ることはありません。いまよりずっと前から究極のキャッシュレスだったのです。

支払いは、後日、請求書が来て、支払うというシステムです。

料理代もお花代（芸舞妓さんの派遣料）も「おとも」（タクシーのことを「おとも」と呼ぶ）の料金も、全部、全部、お茶屋さんが立て替えて支払って、一括請求する仕組みです。

これも、お客さまがもてなす大切なお客さまにお金の気を遣わせないっていう、思いやりからでたシステムなのでしょうね。

なんだか粋ですね。

こんなふうに、自分を思ってくれるお母さんの料金を踏み倒すってできるでしょうか？

そもそも、そんな人だったら、なじみの客にも至らないでしょう。

自分が大切だと思う人を誠心誠意もてなし、喜ばしてくれるお母さん。そんな姿勢に、お客さまも、お母さんを信頼しています。

だから、ちょっとした知人に気軽に「お茶屋さんを紹介して」といわれたところで、やすやすと大事なお母さんを紹介するわけにはいきません。

「この人だったら、大丈夫！　お母さんもきっと喜ぶはず」と思える人でないと、おいそれとお母さんには、紹介しないわけです。万が一があったら、この人の料金も俺が払うくらいの心意気を常連さんは持っています。

すごい仕組みだと思いませんか⁉

信用し、信頼され、店とお客さまを超えた関係性。そんな商売ができたら幸せですね。

京都老舗企業からの教え

千家十職に学ぶ、取引先とともに伸びる技術

創業から100年以上続く老舗企業は、日本には4万社以上もあります。世界の100年企業数は、約7万5000社といわれており、日本は突出した老舗企業の数です。その中でも、全国ナンバーワンの老舗出現率（老舗出現率とは、全体に占める老舗企業の割合）を誇っているのが京都です。

ところで、京都には、「三千家」と呼ばれる茶道のお家元があります。表千家、裏千家、武者小路千家の3つでそれぞれの流派となっています。

三千家の祖は、千利休（せんのりきゅう）。千利休といえば……大永2年（1522年）-天正19年（1591年4月21日）、戦国時代から安土桃山時代にかけての茶人、商人。つまり400年以上の歴史を脈々と受け続けています。

お茶を点てるには、茶碗や湯釜などの茶道具が必ず必要です。三千家では、お茶を点てるときに「利休好み」といわれる茶道具を使います。利休の茶風を守るには、茶の点て方を継承するだけではなく、道具をつくる職人を承継し続けることも必須でした。

お茶に必要な道具、中でも利休好みの茶道具をつくる職人の家を職家といい、現在では十職の家柄が指定されています。千家十職とは、利休好みの茶道具をつくる職人の10の家柄をいうのです。

三千家の家元と、その茶道具をつくり続けてきた十職。両者もまた、ただ、商品を使う客、商品をつくる職人といった間柄を超え、どちらが欠けても成り立たないパートナーといえるでしょう。

イトーヨーカ堂、セブン-イレブン・ジャパンの創業者である伊藤雅俊さんは、「商いの心」として、「銀行は貸してくださらないもの」「お取引先は売ってくださらないもの」「お客様は来てくださらないもの」と生前におっしゃっていたそうです。

商売の中では、なんだか勘違いをして、客だったら何をしてもいいかのように、横柄な振る舞いをする人をたまに見かけます。

でも、本当は商品を買う側と売る側は、良きパートナーであるはず。売る商品をつくってくれる人がいて、売る商品を売ってくれる人がいるからこそ、商売が成り立つはず。

平安京から幕末まで、1100年という長きにわたり、政治、文化の中心とし、1200年の歴史を持つ古都、京都。京都の歴史とともに、お家元と千家十職は、お互いが無くてはならない存在として、互いに切磋琢磨、古きを守り、時代に併せて柔軟に成長し続けているのです。

自社だけでなく、お客さまとともに、取引先とともに、一緒に成長し続ける究極のモデルが京都にはあるのです。

第5章

一生お金に困らん会社は、こうやってつくるねん

お金のことがいつも不安になる犯人を探せ！

最強の組織づくりは京都から学べる

前章のコラムでは、茶道の歴史、三千家さんのすごさをお伝えしました。

京都はお茶だけではありません。華道のお家元である池坊さんの起源は、なんと寛正3(1462)年。六角堂の僧侶・池坊専慶が武士に招かれて花を挿し、京都の人々の間で評判になったところから、日本独自の文化「いけばな」として成立したそうです。

こんなふうに千家さんも池坊さんも400年、500年と続く組織です。

一方で、国税庁調査によれば、10年続く会社の割合は、たったの6・3%。この差はいったい何なんでしょうか?

茶道の三千家さんでも、華道の池坊さんでも、共通していえるのは、技術だけでなく、

「哲学」といいますか、「精神」がセットで伝承されているところに特徴があります。

たとえば、茶道の精神として、「和敬清寂（わけいせいじゃく）」という言葉がありますが、裏千家さんのホームページには、次のように説明されています。


「和（わ）」とは、お互いに心を開いて仲良くするということです。

「敬（けい）」とは、尊敬（そんけい）の敬で、お互いに敬（うや）まいあうという意味です。

「清（せい）」とは、清（きよ）らかという意味ですが、目に見えるだけの清らかさではなく、心の中も清らかであるということです。

「寂（じゃく）」とは、どんなときにも動じない心です。

お茶を飲むとき、お点前（てまえ）をするとき、また、お客様になったとき、お招（まね）きしたときなどに、この「和敬清寂」ということばを思い出し、おけいこに励（はげ）みましょう。


ここでの大きなポイントは、「伝承するのは、お茶の技術だけではない。『考え方』を求心力にして、組織をまとめている」ことのようです。

池坊さんでは、16世紀前半に活躍した池坊専応さんが、「いけばな理論」を確立し、師から弟子へと相伝されています。これは、いけばなの技だけではなく、考え方、思想といったものを合わせて花伝書として、相伝されているものです。

お花の世界においても、やはり技だけでなく、考え方を伝承していることに組織の強さがあるようです。

ところで、千家さんも池坊さんも、「一生、お金に困りたくないから、お金を貯めよう！残そう！」を目的にやっているのでしょうか？

いいえ。

両者とも、文化の伝承を第一に考えています。

お金のことよりも、です。

それなのに、結果的にお金に困ることなく、400年、500年と組織は継続されているのです。


京都発ベンチャー企業であり、いまは世界で活躍する京セラを創業した稲盛和夫さんは、成功の方程式を次のように示しています。

人生・仕事の結果＝考え方×熱意×能力

人生や仕事の結果は、考え方と熱意と能力の３つの要素の掛け算で決まる。このうち能力と熱意は、それぞれが０点から１００点まである。でも、考え方は、マイナス１００点からプラス１００点まである。

つまり、どんなに能力や熱意が高かったとしても、考え方の違いで、人生や仕事の結果はまったく変わるとおっしゃいました。

時代とともに組織、企業を取り巻く環境はめまぐるしく変化します。**変化に応じて、提供する商品、サービス、技術は柔軟に変化させていく必要があります。**

一方で、思想、哲学、フィロソフィー、文化といった、その組織が大切にする考え方そのものは、どんなに時代が変化しても、ずっと変わらず、組織の真ん中で伝承し続けるもの。

長く続く最強の組織とは、お金ではなく、組織の文化、思想、考え方を残そうとする組織なのです。「伝承し続けるべきもの」がある組織こそが、最強の組織であり、何百年と続くのです。一生お金に困らない組織をつくるには、逆説的だけど、お金のことを忘れてみましょう。

「儲かる、儲からない」の判断基準を脇に置きます。そして、「事業をやる目的は何か」を考えてみましょう。

経営の神様といわれ、京都ともゆかりの深い松下電器産業（現パナソニック）の創業者、松下幸之助さん。（京都には、幸之助さんの別邸や幸之助さんがつくったＰＨＰ研究所：Peace and Happiness through Prosperity〈繁栄によって平和と幸福を〉があります）

幸之助さんは、「世の中から貧困をなくし、水道から水が出てくるように、人々が欲しい便利なものをタダのような価格で供給すること」を自らの事業の目的とされていました。その目的に一致するかどうかが、すべての判断基準。その考え方を伝承する、求心力にした事業経営が、結果として、お金に困らない強い組織をつくりました。

幸之助さんもまた、お金ではなく、事業の目的についての「考え方」を残そうとしたのです。

自社の事業の目的は何？　自分の生活のため？

従業員は、あなたの生活のために一生懸命に働いてくれるのかな？

お客さまは、あなたの生活を助けるために商品を買ってくれるのかな？

なんだか、わからなくなってきたら、**企業だけをモデルにするのではなく、茶道、華道、神社、寺といった組織を見てみてください。**

松下幸之助さんだって、とある宗教本部を見学に行ったときに、ハッと気づいたそうですよ。

長く続く組織が、何を求心力に、何を根本に据えて、どんな風に組織をつくってきたかを見本にするには、実は、京都は絶好の場所なんです。


長く続く強い組織が残そうとするのはお金じゃないいん。

自社には何を残さなあかんか考えてくださいね

「5か年経営計画書」は毎年、更新する

一生お金に困らない会社をつくるためには「経営計画書」作成が必須です。

なぜって？

会社といっても、**構成要素は1人ひとりの人間**です。会社全体が1つの組織として、一致団結して動く必要があります。会社には自分とは異なる人間が集まっているため、本来、考えていることも目指している場所も人それぞれです。

そのため、「うちの会社が目指しているのは、ここですよ。ここに行くためにこんな道を通って、こんなふうに進みますよ。」と書いた**経営計画書は、全員が一緒に動くためのナビゲーション機能**です。

社長の頭の中には、目的地はここ。ここへ行くために、この道を通り、こんなスピードで、こんな風に進めば最短だろう、となんとなく考えがあります。
でも、他人にはそれがわかりません。

「経営計画書」の作成が必須の理由は2つ。

1つは、**社長の頭の中にある考えを文字化、数値化**した「経営計画書」として、他人に示し伝えることで、航路を共有するため。

そして2つ目は、**自分の考えを洗練するため。**おぼろげに考えていることを言語化、数値化することで、自分自身の考え方を洗練し、ブレないためです。

「経営計画書」作成のコツは、5カ年計画を毎年書き換えることです。

時代の流れは早いため、毎年作成するのが良いでしょう。

とはいえ、1年ごとに物事を考えると目先のことにどうしてもとらわれてしまいます。

目先の問題解決だけにフォーカスしがちになり、ワクワクする計画ができなくなります。

私の会社でも毎年、経営計画発表会をしています。初めて発表するときは、社員からどのような反応が返ってくるかと緊張してドキドキしましたが、実際には次のようにいわれました。

「先生（私のこと）が考える『正しさ（アンビシャスの基準や価値観）』を聞くまでは、自分が考えていることが、正しいことなのかどうか、自信が持てず、後輩育成にも迷いがあったけど、自信をもって行動できます」

「先生がこんなことを考えていたのかとワクワクした」

「会社が5年後にどんな姿を目指しているかわかるから、いまやること、今年取り組むことの意味がよくわかります！」

私の会社のお客さま方にも、5か年計画を毎年作成することをおすすめしています。

今期の目標、今期すべき行動だけを伝えられる社員は、ランニングにたとえると、どこへ行くのか、ゴールまで、あと何キロあるかも知らされず、「とにかく速く走れ！」といわれるようなものかもしれません。

社長は、自分の頭で考えたものだから、「今期の目標も、当然、未来の理想像につながる一貫性のあるもの」と理解しています。だから当たり前のように、社員に、「将来のためには、今期、これをやるのは、当然でしょ!?」などと思いながら、細かい説明は省いて、目標数値や行動目標を社員に伝えるかもしれません。

でも、**社長の頭の中は、社員には見えていない**のです。

社員にしたら、なんだか唐突な印象を受け、「?・?・?・」「ああ、また、社長の思いつきか……」といった誤解が生まれてしまうのです。

「5年後の素敵な未来像」と「目標」って、こんな風につながってるんって、ワクワクできるようにちゃんと伝えてあげて。

そう、社員のためだけではなく、社長自身のためにも。

自分はこんな会社にしたい。いますぐは無理でも、こんな会社だったら、毎日が楽しくなりそう。

お客さまに提供している商品構成、商品の品質。いまは、これだけど、3年後には、こんな商品を提供できたら、お客さまに喜ばれそう! 5年後には、こんなサービスを自社で提供できるようになりたい。

こんな働き方にできるよう、5年後には整えたいな。そうしたら、もっと社員も働きやすくなりそう！

5年後の未来に思いをはせれば、自分自身も夢が膨らみます！

楽しく希望溢れる未来をお客さま、仲間と共有、実現することが意識の中心に置かれ、結果、お金の悩みなんかと無縁になる会社をつくってくださいね。

社長の頭の中は
経営計画書で見えるようになりますしね！

#「先のことなんてわかるか！」と怒るあなたにこそ経営計画書

これは、10年以上前の話です。

２００８年のリーマンショック後、日本でも多くの企業が打撃を受けました。政府は翌年には、「金融円滑化法」という法律を制定し、企業の倒産をなんとか食い止めようとしていた時代のことです。

先にも書きましたが、私は、金融機関からの要請があり、資金繰りが悪化し、借入の返済が困難になった会社の経営者とともに、経営改善計画を策定するお手伝いを70社以上させていただきました。

経営改善の期間は、最低でも5年。長ければ20年といった場合もあります。

つまり、5年計画、長ければ20年間の計画を立てることもあるのです。これは、金融機関に借入金を完済できるまでの計画書を提出することで、しっかり返済できることを納得してもらい、金融支援をしてもらうためです。

そんな時代のある企業の話です。

金融機関から紹介を受け、初めて社長にお会いしたときのことです。

計画を立てるにあたり、まずは、5年、10年先の将来の展望や「どんな会社にしたいか」、売上や経費の見込みなどを社長に質問すると、

「先のことなんて、わかるか！ 今日、明日がどうなるかも、わからんのに、何が10年後や！！」と第一声で怒鳴られました。

金融機関から「計画をつくるの手伝ってあげて」といわれたから来たのに、「いきなり、怒鳴るんかぁ～い⁉」と心の中でツッコミを入れたものの、でも、ホントは、社長の気持ちも痛いほどよくわかりました。

だって、社長がいわはる通りなんですもん。

先代から社長が会社を引き継がれたときは、すでに会社は債務超過（資産よりも負債の金額のほうが、大きい！）。資金繰りが悪化し、税金や社会保険も滞納している。いつ、

資金が枯渇するか、明日をも知れない財務状況の会社です。

売上は、もちろん確定しているわけではないし、事業の性質上、原価や経費だって、相場など社会情勢に大きく影響を受けるものが多い。先のことなんて、本当に誰にもわからないのです。

そんな中で、ぽっと出てきた、ワケのわからんコンサル（私）に、5年10年先の未来なんて質問されたら、「能天気にもほどがあるやろ。何も現場をわかっとらんコンサルが、何を偉そうに言っとるねん!!」と怒り心頭に発するのは当然のことでしょう。でも……。

結局、この社長とは一緒に、なんと20年の経営改善の計画を立てました。

そして、計画立案から約10年たった現在、当時の計画よりも大きく上振れし（計画値よりも3倍の売上高となった!）、キャッシュを潤沢に持った、当時では考えられないような安定した財務状況となりました。

最大の勝因は、社長の事業に対する姿勢だと思っています。

寝ても覚めても事業について真剣で、金融機関も社員も、取引先も、圧倒されるくらいの社長の気迫が改善の起爆剤となりました。社長が言うなら……。と多くの人が、社長の言葉を信じてみよう、応援したいと考えた案件でした。

言葉はもちろん、やりきる行動力。自分個人のことよりもまずは、会社、事業継続を第一にする姿勢（役員報酬を第一にカット、財務内容が安定するまで、なかなかアップしなかった。本当は好きな車だって、ええかっこもせず、10年以上乗り続けていた）、言ったことは守る。不義理はしない……。そんな社長の姿勢が最大の勝因です。

そんな社長の姿勢があったうえで、大きな役割を担ったのが、「経営改善計画書」であることも見逃せない事実です。計画書は、おそらく、潜在的に社長自身の脳を刺激しました。当初は、「先のことなんてわかるか！」といいつつも、頭の良い社長は、示す数字を真剣に考えました。そして、描いた数字を常に意識されました。

当然、実際の経営は計画数値通りにいくわけではありません。

でも、いいんです。

仮に、売上が計画値通りにいかなかったら、その原因を考える。

売上が目標値を下回れば、他の何かで調整が必要と認識する。

実際の原価が計画値を上回れば、それはなぜかという理由を見つける。計画値とずれた分を何でカバーするのかを考える。そうなんです。「計画」という指標となる数値があるからこそ、つらく長いトンネルの出口を決して見失うことなく、調整、調整しながら走り続けることができるのです。

いままでは、社長は当たり前のように毎年、計画を立てていらっしゃいます。「先のことなんて、わかるか！」と怒るような、現実的でエネルギー値の高い社長にこそ、ぜひ、経営計画書の作成をおすすめします。

計画通りいくわけではないいん。
でも、計画を立てることに意義があるん

「先」をざっくりつかんで、どんなときもお金を使える会社にする

「先」をざっくりでもいいので、つかんでおくって、とても大切なことなんです。
たとえば、製造業だったら、メインとなる製造設備の入れ替えについて。5年に一度は設備の入れ替えが必要なので、5年ごとに2000万円の資金が必要になるとか。
営業会社なら、営業車が何台あって、今年、来年、何台の車検、保険の切り替えがあるか。乗り換えが必要か。リースアップする車は何台かとか、5年後に退職年齢に達する人員数とか……。
つかんでおくべき会社の数字はたくさんあります。

「先」の数字をざっくりでもつかんでおけば、前もって、事前準備ができるのです。

私の会社のお客さまの経営者を見ていても、業績の良い会社は必ず、事前、事前に対応されています。何かにつけて対応が早いです。

また、いろんな記録もしています。

リース車の管理、導入したそれぞれの機械や耐用年数を書いた表、ガソリンの価格推移表、新規来店者の月ごとの数、毎月の顧客単価の推移などなど。

自社の経営に大きく影響を与えそうなもの（外的要因も内的要因も）、経営の肝と考えるものをいくつか選定し、記録し、見える化しておき、さらにそれらを元に、自分なりの先を予測されています。

ざっくりでも、いいですやん！　とにかく「先を読む」という訓練！
先を読む習慣。「先を読む」が癖になるまで一緒に頑張りましょうね。

先を考えていなければ、ちょっと儲かったからって、気前よくというか、ええかっこして、全部を賞与で排出し、その次の年は、お金がカツカツで、設備投資もできない、定期昇給もできないなんて、むちゃくちゃなことが起こり得るんです。

先を読んでいるからこそ、お金の使い方が行き当たりばったりではなくなります。

5年ごとに2000万円の設備投資が必要であると認識していれば、この2000万円のうち、いくらを自己資金で、いくらを借入で賄うかを前もって考え、利益計画立案に活かすことができます。

リースか、買取か。買取でも新品でなく、その5年の間に、良い中古品が出てきたら回してもらうように、メーカーに伝えておくこともできます。逆に、自社の機械を、ギリギリまで使うのではなく、中古市場に売りに出すこともできます。

メインの機械を壊れてから買ったり、修繕したり、なんかしていたら、大きな利益減の要因になる可能性大です。また、今年は、機械にお金を使ったから、広告宣伝費や賞与とか、他の経費はすべてストップ。とか行き当たりばったりのお金の使い方をしていては、業績にムラが出てしまいます。

いつまでたっても、安定した経営になりません。

社員の年齢を把握し、表にまとめるなども大切です。

退職年齢を把握しておき、ギリギリでなく前もって、これからの働き方を社員とすり合わせしておくことで、信頼関係は強固になり、会社としても、採用計画を立てやすくなります。

社員（もちろん、社長も）は、毎年1つ歳をとります。

それなのに、主要な技術者が退職年齢前年になって焦って採用なんてしていたら、妥協が生まれ、採用した側もされた側もお互い不幸になるかもしれません。一方で、技術の伝承にかかる時間も把握しておけば、それに合わせた採用が必要だとわかります。

とにかく、**先をざっくりでもつかみ、事前対応するって、とっても大切。**

長期間の先読みだけでなく、1年という短期の間でも、季節変動のある会社なら、短期の先をつかんでおきましょう。

業種柄、冬場に売上がどうしても下がる会社なら、前期の決算数値から冬場の売上や粗利、経費額をざっくりつかんでおき、売上が下がり始める11月までにいくらの現預金を手元に置いておけばよいかをもとに、夏の賞与を決める。

逆に、冬場に、毎月、いくらの粗利があれば、単月の損益がプラスになるかをざっくりつかみ、春夏の間から、冬場納品キャンペーンとか受注を集めておく。そのほかにもいろいろな対策があります。

とにかく、早め早め。ざっくりつかんで、事前対応で、どんなときでも、チャンスを逃さず、お金を使える体制にしておいてくださいね。

「ざっくり」からでいいん。
見える化して、早め、早め、ね！

不安の正体「先がわからない」を克服する方法

私は、将来の不安の正体は「先がわからない」ことだと、常々考えています。

別にこれは、経営に限ったことではないのかもしれませんが……。

たとえば、人間が「死」を恐れる理由は、自分も含め、まわりに死んだことがある人がいないから。

死んだことがある人（経験者）が、いっぱいいたら、それほど怖くないのかも!?

でも、実際は「死」がどんなものかわからなくて、恐怖や不安を感じるのです。

「まず、死んだら、○○に行って、だれだれと打ち合わせしてから、どこどこで、△△するねん。途中の道は、けっこうキツイけど、そこ、越えたら、ええとこやで」とか、知っていたら、そんなに「死」が不安じゃなくなるはずです。

経営者の話を聞いていて、よくよく突き詰めると、先がわからないことが、不安の正体であることがわかります。

では、この不安を克服するには、どうすればよいのでしょう？

それは……。

先のことをわかるようにすればよいのです！

先のことをわかるようにするには、数値による計画を立てればよいのです。数値による計画なら、机上の空論でもＯＫ。それを逆手にとって、思いっきり、好きなようにシミュレーションしてください。

シミュレーションで、たとえ、現預金がマイナスになったって、「わぁ！　これはあかんわ」で済みますが、実際の経営で、現預金残高がマイナスになったら、ジ・エンドです。

「これだけの売上が上がって、原価をこれこれに抑え、採用を○人し、設備投資も××円して、既存社員の給与もベースアップ！　これで、現預金残高がいくらくらいになるのか」なんて風な最高のシナリオを立てます。

ここでは**利益計画だけでなく、資金計画も一緒に立てる**ことが大切です。

また、何パターンか、シミュレーションしておく必要もあります。

もし、「ここまで売上が伸びなくて、〇〇万円くらいなら、設備は来年に回したほうがいいな。この場合は、採用は、2人減らそう」などとシミュレーションしたうえで計画を立てておけば、「この場合は、こう！」と先が読めるので、「未来よ、来るなら、来い！どんな球でも受けてやる！」といった感覚になります。


一見「度胸あるなぁ！」「チャレンジャーやなぁ」とお見受けする経営者さんでも、本当はとっても緻密で慎重な方が多いです。

未来が不安だからこそ、真剣にシミュレーションし、計画を立てる。

そして、どう転んでも、何とかなるという一の矢、二の矢、三の矢を準備して、万全な体制を築く。

あの場合は、この場合は、と多方面からとらえたうえで計画を導き、これであかんかったら、そらしゃあないわくらいのレベルまで、計画をしていらっしゃいます。

だから、「人事を尽くして天命を待つ」の境地で、不安を小脇に抱えつつも、他人から見たら、「なんと大胆な！」という施策がとれるのでしょう。

不安の正体は、「先がわからないから」。たったそれだけ。

なら、先をわかるようにしてみませんか？

未来が、カラー写真で見えるくらい、現実か、自分の未来の想像か、頭でわからなくなるくらい、真剣に計画を立て、イメージしてみましょう。

未来は、「恐るるに足らず」です。

シミュレーション、シミュレーション、シミュレーション！
成功する気しか、しなくなるえ

社員を「傍観者」から「協力者」に変えるには

社員を「傍観者」から「協力者」に変えるには、次の3つが必要です。

1 理想の会社像を明確化：会社が何を目指しているのかを明確にする

2 問題と課題の明確化：現状の会社はどんな状態で、理想と現実のギャップ（問題）は何か。その問題を解決するために何をしたらよいか（課題）を明確にする

3 目標と行動の明確化：各社員が自分は何をしたらよいかを理解できるようにする

繰り返しになりますが、経営者であるあなたが、頭の中で見ている映像は、残念だけれど社員には見えていません。なのに、ついつい、同じ景色を見ているように錯覚してしまうのが人間。

同じ景色を見ていると錯覚したまま、「言われないと、動かない。気の回らない社員ばっかり……」とぐちぐちいってしまいがち。でも、それは、単なる勘違いで、社員には、見えていないだけということが往々にあるものです。

社員のやる気があるなしの問題じゃありません。もしかしたら、やる気はあるけれど、「で、自分は、何をしたらいいの？」がわからない状態にあるのかもしれません。

そうなんです。まず、社長であるあなたが、社員が動けるようにしてあげてください。

そのために、先ほどの3つを文字化、数値化することが必須です。

将来の理想の会社像を言葉と数字で示す。

「私たちは、こんな会社を目指しているのだ」というのがわかるように経営計画書に記載し、伝えるのです。

具体的には、「理想は●●。でも、現状の会社は△△。理想と現実には、こんなギャップがあって、このギャップを解消するために、■■をする。○年かけて、ここまでもっていく！　そのために、あなたには、この業務をしてほしいんです」ということを経営計画書に記載します。

そうすることで、社員も自分がすべきことが明確になり、すぐに動けるようになります。

そして……。

もしかしたらあなたは、言語化・数値化する過程で気づくかもしれません。自分自身が考える理想の会社の未来像が、いかに不明瞭だったかということに。

社員が動けないのは、もしかしたら、他でもない自分に原因があったのかと気づくかもしれません。

日々進化。

社長も社員も、共に成長！！　ですものね！

さて、これはまだまだ初期段階。

これでも協力者であることには、変わりないのですが、これでは、社長の考える「枠」

以上に人も会社も育ちません。お互いが本当の協力者であるには、社長の「枠」を超えた発想で、同じ目的に向かって、お互いに知恵と行動を発揮しあえる関係性であることが求められます。


そんな関係性に発展するために、京都人の伝え方に学べる点があります。

京都人って、「疑問形」で、けっこう話すんですよねぇ。脳科学者の中野信子さんもおっしゃっていました。

これ、命令するよりも、相手が自分で気づき、行動につなげる効果があります。

たとえば、

「この郵便、明後日には届くようにしたいんだけど、いつ出したらいいかな？」

「来年の1月からA商品の発売を始めたいけど、いつ発注しようか？」

そして、

「閑散期の冬場の納品を150件に増やしたいのだけど、何かいい策はないかな？」

というような質問の仕方にも広げていきます。

人間の特性として、質問されると「考える」という特性があります。

さらに、自分で決定したことは、やらされ感ではなく、自分で決めたこと、と責任をもって行動します。

京都人は、疑問形を巧みに使うことで、相手が自分で考えられる「思考力」と、やりきる「行動力」を鍛える伝え方を無意識レベルで知っているようです。

自分がすべきことを
全員で把握して行動するってすごいねん！

取引業者には夢を共有して同志になってもらう

自社の事業は、自社だけですべて完結できているわけではありません。

たとえば、めちゃくちゃ美味しいお鮨屋さん。

さすが名店！　この素晴らしい鮨職人がいなかったら、こんなに美味しい鮨はいただけなかったはず♪

でも、職人がいるだけでも、美味しいお鮨はいただけなかったはずです。

そうなんです。

魚を捕ってきてくれた漁師さん、流通させる市場の人たち、仲買人、鮮度を保ち運ぶ運送業者、地元の小売業者、たくさんの人の手があってこそ。もちろん、魚だけじゃありません。パリッパリの海苔だって、お鮨に合う美味しい日本酒にワイン、良い雰囲気をだすあのお洒落なカウンターだって……。

すべてが重なり合って、素敵な時間を構成します。ああ、お鮨食べたい！　それはさておき。

どんな会社だって、商品を仕入れて、それを売っている会社なら、仕入先が商品を売ってくれないと売ることができないし、自社でモノをつくって売る会社でも、材料や部品を仕入れるための仕入先、外注を頼める外注先が必要です。

工場の製造機械を売ってくれる機械メーカーだって、工場の土地を貸してくれる大家だって必要です。

いろんな取引先と関わりを持って、やっと自社の商品、製品、サービスをお客さまに提供できる状態をつくれるのです。

だから、**取引業者さんとの関係が、経営にはめちゃくちゃ大事！**

前章でも書きましたが、ごくまれに社会の仕組みを理解できていない企業の購買担当者が、仕入先や外注先に、顧客の立場を勘違いして、横柄な態度で接する場面を見受けます。
これ、完全に勘違いです。万が一、自社の購買担当者がこんな人だったら、経営者であるあなたは、絶対に見過ごしてはいけません！

いま、私は別に、道徳的にどうこういおうとしているわけではありません（もちろん人としても、なっとらんが）。万が一、こんな購買担当の会社だったら、実際問題、困るのは、あなただからです。

実際の事例で、こんなことがあります。

私の顧問先さんには、元請けで工事を行なう会社もありますが、下請け側で工事を請け負う会社も両方あります。

下請けの立場から見ていると、創業したてで仕事がないときは、ある程度しかたなく、横柄な態度をとるお客さままでも依頼されたら仕事も受けていますが、良い仕事をして経験と信用を積んで仕事が増えてくると、真っ先に断るのが、その横柄な態度で発注してくる会社の仕事です。

人なんだから、当たり前っちゃあ、当たり前ですよね！

これを逆の立場で考えると、どうなりますか？

横柄な態度をとる嫌な会社の仕事をするのは、あんまり仕事のない腕の悪い職人ばかり。あるいは、他よりも高い金額を出して、仕事をしてもらう。つまり、仕事の質が落ちるか、利益率が下がるか、後回しにされて納期が遅れるか。

どっちにしても何ひとつ経営にとって、良いことはありません。


良い会社は共通して、取引先を大切にしています。


取引先を「協力業者さん」と呼び、「仲間」と認識されています。

仲間だから、経営計画発表会に協力業者にも参加してもらい、自社の未来像を語る、理解していただく工夫をされています。

自分たちは、こんな会社を目指している。一緒に、ステージをあげていきましょう！というメッセージがひしひしと伝わります。

一流の会社には、一流の取引先がついています。高級という意味ではありません。プロとしての一流さ。お客さまが、商品を買ったとき、サービスを受けたときに「この商品（サービス）で、この値段は安いわ！」と喜んでお金を払ってくれるってこと。

一流は、一流と仕事をしたいのです。

夢を言葉と数字に乗せて、取引先とともに、一生お金に困らない会社のステージにあがってくださいね。

協力し合える取引先さんがあって一緒にお金に困らん会社になるん

未来の成長像をシェアして、メインバンクがお金を貸したくなる会社に

ここでは、メインバンクがお金を貸したくなる会社をつくる手順について書きます。

メインバンクがお金を貸したくなる会社をつくるために、第一にすることは、**自社に合った適正な金融機関をメインバンクに選ぶ**ことです。

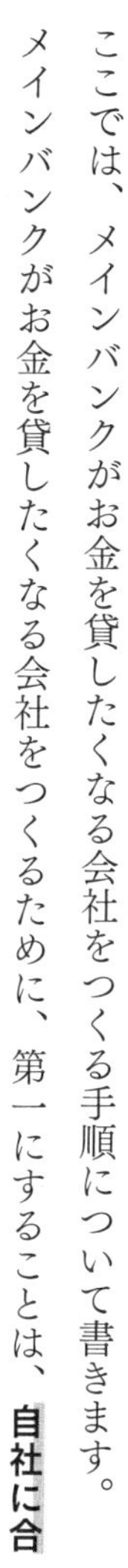

第3章にも少し書きましたが、中小企業のオーナー経営者であるあなたなら、メガバンクをメインバンクにするのではなく、**地方銀行（地銀）、信用金庫をメインバンクに選ぶ**ことをおすすめします。

なぜなら、メガバンクは規模が大きな会社との取引がメインであるため、数千万円単位といった少額の融資に熱くなることはありません。規模で照らすと、あなたの会社に対す

る融資額は、重要度の低い、たいした仕事じゃなくなってしまうのです。

自社が必要とするお金の額と金融機関の規模を考えて、金融機関を選定しましょう。なんとなくメガバンクと付き合っていたらカッコいい、と考えるのは、間違いです。

さらに、金融機関担当者との相性や時期も大切です。飛び込みで、自社に足しげく通ってくれる金融機関担当者がいたら、話をする場を持ってみましょう。相手から融資の提案があれば、相性、時期としても、当然、融資の可能性は高いです。

また、顧問税理士に紹介をしてもらう、機械購入の資金が必要で大手メーカーから購入するなら、その機械メーカーに紹介してもらう、不動産購入資金でその不動産会社が信用ある会社なら、不動産会社から金融機関を紹介してもらうといった、紹介ルートも信用が得られやすく、おすすめです。

続いて、「ここだ！」と決めたメインバンクが、お金を貸したくなる関係の築き方をお伝えします。

最も大切なことは、「嘘をつかない。誠実に対応する」です。
当たり前と思うかもしれませんが、相手を信用しきれないと、ええかっこして、良いこと

だけをいって、自社を良く見せようとしがち。
ええかっこ。そんなことは、まったく必要ありません。
だって、数字を見れば、一目瞭然なんですから。言葉と数字の不一致は、信用を失うだけです。そんなことよりも、誠実に良いも悪いも(リスクの可能性)、前もって伝えておくことが大切です。

メインバンクは、資金調達という側面で経営の大切なパートナーです。

経営のパートナーである以上、常時コミュニケーションをとっておくことも大切なポイントです。金融機関とは、「お金がいるときだけ会う」といったコミュニケーションをとる方もいるのですが、それは間違い。用がないときにも会うのが、意外とポイントなんですよ。なんてったって、パートナーですから。情報共有を普段から欠かさないことです。

じゃあ、用(資金を借りる)がないのに、メインバンクの人と会って、何を話しましょうか?

話すべきことは、**試算表を見せて、この数字の結果になった理由を述べること。そして、今後の見込みを話すこと**です。

大事なことは、**社長であるあなたの口から述べることです。**経理担当者に銀行の対応を任せっきりはよくありません。だって、パートナーなんだもの。

資金調達を円滑にされている会社は、社長と金融機関の円滑なコミュニケーションがバックグラウンドにあります。

そのために、社長は数字を把握しておくこと。

どうして今月、荷造運賃がいつもより、こんなに高くなったのか？

どうして今月の粗利は、いつもより低かったのか？

この雑収入って何？

みたいなことを社長自らがメインバンク担当者に話すことで、一気に社長の信用アップです！　メインバンクから「できる社長」認定を受けられますよ。

そして、「いま、こういう先に営業をかけていて、うまく受注につながったら、年間1000万円程度の売上が上がりそう。粗利率は30％程度を見込んでいるから、300万円程度の利益増加に貢献できる。ただ、この受注の仕入れ資金と加工機械の購入に先行して500万円ほど必要になりそうだから、また近いうちに資金の相談もさせてくださいね！」などなど、近々の予定も前もって情報共有しておきます。

最後に、「こんな会社にしたいんですよね。5年後には、きっと○○に！」と心の底から湧き出る、夢や希望を共有すれば、もう、金融機関はあなたのとりこです。

会うのは、お金が足りなくなったときだけ（積極的な借入でなく、足りなくなった……）、そうじゃなければ、会えば、金利を下げてくれというばかり。そんなのは、パートナーじゃないですものね！

夢を共有し、あなたの夢をかなえることが、「メインバンクにとっても夢」となる関係性を築いてください。

そんな関係が築ければ、一生お金に困ることはありません。

銀行さんと一緒に夢をかなえる

京都老舗企業からの教え

歴史のある建造物が、嫌でも過去を振り返る習慣をつくってくれる

京都は794年から1869年まで、1075年もの長期間にわたって、日本の首都でした。また、第二次世界大戦で空襲の被害が少なかったこと、災害が少ないことも歴史的な建造物を後世に残してきた要因です。

そんなこともあり、京都で育った私たちは、知らず知らずのうちに、自然に歴史を振り返る機会に恵まれてきました。

たとえば、金閣寺と銀閣寺。

子どものころ、初めて行ったときは、ご多分に漏れず「金閣寺って、ホントに金なんだぁ！」そして、「え〜!?　銀閣寺って、銀じゃないの!?」という驚きとともに「誰が、いつ、なんのために建てたんだろう?」と考えるようになります。

京都御所だって、そう。子どものころから身近な遊び場でした。

そして、「なんで、天皇陛下は東京に行かれたんだろう？」という疑問を持ちます。

幕末維新の舞台も、いまも多く残っています。

そんな歴史的な建造物が京都にはたくさん残っており、いやがおうにも歴史を振り返る機会ができます。

ただ単に、教科書で学ぶ歴史とは、リアリティが違うんです。現実の建物を見れば、歴史が本の中のおとぎ話ではなく、リアルに、人間が生き、考え、行動した結果であるという、なんとも言えないリアリティを持ちます。

私は、このことは京都人独特の感性に結びついていると考えます。

７９４年、京都に都が遷都されました。

この時代、誰が時の権力者だったのか。権力者、力を持つ人間は、時代とともに移り変わり続けます。天皇家、貴族、僧侶、武士、商人……。

それはなぜ？

何が力の源だったのか？　何が求心力だったのか？

なのに、なぜ、没落したのか？　どんなときに？

平和が続いた時代の特徴は？　なぜ？

そんなことと、自社の経営、会社のトップである自分自身と時の権力者を自然と重ね合わせるのです。

こんなこともあります。京都の東寺にある五重塔。これは伝統的な木造建築の中では日本で最も高い建物です。高さは、55メートル近くもあるのですが、落雷や焼失で何度も建て直されてはいるものの１２００年以上も地震で倒れたことがないのです。

この東寺の五重塔。実は、釘を使っていない建築です。だから、さびない。１２００年以上も昔につくられたこの革新的技術こそ、SDGsの時代の救世主として見直される動きもあります。

現代の建築基準法とは別次元での安全性の担保と、すべて自然に返る素材。

過去を振り返ることで、逆に革新を生み出す企業も多くあります。

実際、五重塔のすごさを教えてくれたのも１２０年以上続く老舗企業であるお客さまです。老舗でありながら、社是は、「パイオニアたれ」です。

４００年以上の歴史がある別のお客さまも、木造建築である五重塔や歴史建造物の話をよくされます。なぜ、１２００年以上も経た現在に、「遺跡」とならず、現存しているのかと。
世界を見渡せば、たいてい歴史的な建造物は「遺跡」となっています。でも京都にある歴史建造物は、いまなお、生き続けているのです。
そんなことを頭の片隅に感じながら、経営をできるのが京都なのかもしれません。

アップルのCEOだったスティーブ・ジョブズは、京都には何度も足を運んでいました。アップルの製品は、ただの電化製品という次元を超え、熱狂的ファンを持っています。その要因は、iPhoneに代表されるように、まったく新しい技術での革新的製品であること。加えて、美しさ、芸術性、製品にこだわる念い(おもい)の深さが製品に乗り移り、熱狂的なファンをつくっているのかもしれません。

その昔、それぞれの時代で「ありえない」「信じられない」を生み出し続けてきた人類。1000年以上たったいまでも、人々の心を打つ建造物のように過去を振り返るからこそ、革新が生まれるのです。

おわりに

私は税理士事務所を開業する前、父の会社の経理を任されていた時期がありました。その会社は、もともと私の祖父が創業し、叔父が引き継いでいました。しかし、社会の変化への対応の遅れもあり、経営難に陥りました。社長であった叔父は身体を壊し、経営を続けることが困難になり、父が会社を引き継ぐことになったのです。

当時の会社の状態は、まるで半沢直樹のドラマに出てくる会社のようでした。メインバンクが一方的に融資を打ち切る。手形の割引を断り、「貸しはがし」をしていく。「あの会社は、資金繰りが苦しいらしい」という業界内の信用不安が益々、経営悪化に拍車をかけます。取引先から手形取引を断られる。支払期間の短縮、前金を要求される。商品が手に入らないと商売になりません。

会社の空気もどんより。労働組合からきた社員が力を持ち、集団で仕事のボイコットや集団離職。街宣車が会社にきて、賃上げなどの要求を叫ぶ。本当にひどい状態でした。

会社経営を引き継いだ父でしたが、もともとはオーダーメイド紳士服店を営んでいました。職人の腕としては日本一のタイトルを取るなど一流であったものの、会社は経営したことがありません。税理士の学科資格を持っていた私は、なんとか父の助けになりたかったのですが、資金繰り表ひとつ作成したこともなく、何をどうしていいかまったくわからず、無力さを痛感しました。

その後、事業再生のプロである柴田閑鷹先生とのご縁があり、先生の指導のもと、父の会社がよみがえっていくのを目の当たりにしました。

すべての借入を引き受けるといってくれる金融機関が出てくる。「応援するよ！」と、通常取引で商品を提供してくれる取引先が出てくる。業界内での信用の急速な回復。社員も20代中心の若い社員が増え、イキイキと活気ある会社に生まれ変わりました。

いま思い返せば、叔父の業界特有の専門知識、父の熱意と行動力、そして再生のプロである柴田先生の経営と数字の知識や智恵が融合し、正しい経営判断を繰り返すことで、会社が成長軌道に乗ったのだと思います。

この経験から私が学んだことは、会社の数字、**会計は、知識にすぎないということ。**

だから、いまお金に不安がある方も大丈夫。

知ることで、自分も会社も変わるのです。知っているか、知らないかだけ。

この本を読んだみなさまが、数字を味方につけ、どんなときでも潰れない、成長し続ける強い会社、日本を代表する素晴らしい会社が生まれることを楽しみにしています。

最後に。初めての出版に際し、真摯に温かく、最後まで支え続けてくださった日本実業出版社の編集長・川上聡さんと前田千明さん。出版のチャンスをくださったブックオリティの高橋朋宏さん、平城好誠さん、スタッフのみなさま方。いつも学びの機会を与えてくださるお客さま方。この本は、たくさんのプロの方々の助けのおかげで出来上がりました。本当にありがとうございます。

そして、いつも支えてくれている優しいアンビシャスのみんな。どんなときでも見守り、応援し続けてくれる優しい主人とお母さん。天国で見守ってくれている厳しく優しいお父さん。いつも本当にありがとう。この場をお借りして、心より感謝申し上げます。

2024年11月　　入口純子

入口純子（いりぐち　じゅんこ）
京都生まれ京都育ち。アンビシャスグループ代表。税理士、ＦＰ、上級経営会計専門家、登録政治資金監査人等の資格を有する。財務力アップで企業再生から成長企業への道をひらく、企業再生分野における女性税理士の第一人者。龍谷大学を卒業後、薬品会社の経理・財務に従事しながら大阪学院大学大学院修士課程修了。2002年入口純子税理士事務所を創業（現：アンビシャス税理士法人）。経営計画策定支援を通じ、これまで70社以上の経営改善を支援している。金融機関からの協力合意はほぼ100％、経営改善計画策定後、関与先企業の86％が３年以内に黒字化するなど京都府内トップクラスの実績。経営者や商工会議所指導員、京都市内地元金融機関向けの講演ほか、税理士等への経営改善、経営計画策定セミナーなども行なっている。

https://ambitious-kyoto.co.jp/

お金（かね）は使（つか）うほど、会社（かいしゃ）は強（つよ）うなりますねん

2024年11月20日　初版発行

著　者　入口純子

発行者　杉本淳一

発行所　株式会社日本実業出版社　東京都新宿区市谷本村町３－29 〒162-0845
編集部　☎03-3268-5651
営業部　☎03-3268-5161　振　替　00170-1-25349
https://www.njg.co.jp/

印 刷／堀内印刷　　製 本／共 栄 社

ISBN 978-4-534-06146-1　Printed in JAPAN